中国出版"走出去"重点图书出版计划立项
北大主干基础课教材立项
北大版商务汉语教材·新丝路商务汉语系列

新丝路

New Silk Road Business Chinese

初级商务汉语综合教程 II

李晓琪　主编
章　欣　编著

北京大学出版社
PEKING UNIVERSITY PRESS

图书在版编目(CIP)数据

新丝路——初级商务汉语综合教程.Ⅱ/李晓琪主编；章欣编著.—北京：北京大学出版社，2018.5
（北大版商务汉语教材.新丝路商务汉语系列）
ISBN 978-7-301-20348-4

Ⅰ.①新… Ⅱ.①李… ②章… Ⅲ.①商务—汉语—对外汉语教学—教材 Ⅳ.① H195.4

中国版本图书馆 CIP 数据核字 (2012) 第 032256 号

书　　　名	新丝路——初级商务汉语综合教程Ⅱ
	XINSILU——CHUJI SHANGWU HANYU ZONGHE JIAOCHENG Ⅱ
著作责任者	李晓琪　主编　　章欣　编著
责 任 编 辑	邓晓霞
标 准 书 号	ISBN 978-7-301-20348-4
出 版 发 行	北京大学出版社
地　　　址	北京市海淀区成府路 205 号　100871
网　　　址	http://www.pup.cn　　新浪微博：@北京大学出版社
电 子 信 箱	zpup@pup.cn
电　　　话	邮购部 62752015　发行部 62750672　编辑部 62753334
印 刷 者	北京宏伟双华印刷有限公司
经 销 者	新华书店
	889 毫米 ×1194 毫米　16 开本　13.25 印张　205 千字
	2018 年 5 月第 1 版　2025 年 4 月第 2 次印刷
定　　　价	76.00 元

未经许可，不得以任何方式复制或抄袭本书之部分或全部内容。
版权所有，侵权必究
举报电话：010-62752024　电子信箱：fd@pup.pku.edu.cn
图书如有印装质量问题，请与出版部联系，电话：010-62756370

新丝路初级商务汉语综合教程
编写说明

适用对象

本教材是"新丝路商务汉语综合系列教材"的初级部分,包含Ⅰ、Ⅱ两册,适用于能进行最简单而有限交际的汉语初学者。学完两册教材之后,学习者能够运用汉语就与商务活动相关的日常生活话题与他人进行沟通和交流,并完成简单的商务活动。

教材特点

培养学习者商务场景的交际能力是本套教材的主要特点。课文内容以话题与交际功能为纲进行编排,注重培养学习者在日常生活、简单的社会交往和一般工作中运用汉语进行基本交际的能力。教材借鉴任务型语言教学的基本理念,所选内容均是生活与职场环境常见的交际任务。考虑到学习者的学习需求与汉语水平,第Ⅰ册选取的全部是生活类任务,例如购物结账、问路指路、询问时间、谈论天气等;第Ⅱ册不仅适当扩展与深化了生活类任务的难度,还有针对性地增加了若干简单的商务类任务,如货币兑换、招聘面试、签署合同等,以确保教学内容更加贴近商务人士的日常生活与工作,提升教材的实用性。

教材注重发展学习者的口头表达和口语交际能力,练习设计紧紧围绕这一目的展开。"准备"与"会话"部分的"练一练",强化训练特定任务的必需或常用表达形式,引导学习者模仿课文完成与之内容相近的练习,为完成真实的交际任务提供辅助的支架;"实践"部分设计的活动则要求学生综合运用各个重点表达形式,与同伴或小组成员通过交流互动、意义协商等实践真实、完整的交际任务。

为引起学习者的兴趣,营造真实的语言使用情景,每课配有大量的图片与图表。书后生词表包含了"准备"与"会话"板块的生词,同时另附日语与韩语翻译,便于不同母语背景的学习者学习。

教材体例

本套初级教材分Ⅰ、Ⅱ两册,每册14课,全书共28课。每课内容包括六大板块:

1. "准备"板块主要讲练特定交际任务所必需或常用的表达形式,夯实学习者的语言基础。

2. "会话"板块包括1~2个以实际场景为背景的对话或小短文，为学习者提供特定交际任务的典型范例，供其学习、模仿与借鉴。

3. "实践"板块是综合性的任务练习，需要学习者综合运用"准备"和"会话"板块学习的语言技能去完成日常生活或职场情景中若干常见的任务和活动。

4. "总结"板块归纳了谈论特定话题或完成交际任务的常用句式，真实自然，便于学习者掌握。

5. "你想学习更多吗？"板块补充与课文内容相关的词语，扩大学习者的词汇量。

6. Ⅰ册的"说一说"与Ⅱ册的"附录"板块包括绕口令、商务常用表达或相关知识介绍，吸引学习者的兴趣，增强教学内容的实用性和挑战性。

使用建议

教材内容较为丰富，我们建议每课学习时间约为5~6个课时。由于每课的板块由很多小环节组成，教师在教学过程中可以根据学习者汉语水平和具体教学要求有所取舍。有些练习可以放到课外由学习者分组完成，在新一轮教学开始前，教师以适当的方式进行检查和评价即可。"说一说"或"附录"部分仅供师生参考，可不作为教学内容。

在编写过程中，主编李晓琪教授就编写原则、大纲设计、任务确定以及诸多细节问题都给予了悉心指导；北京大学出版社的邓晓霞编辑做了大量认真细致的工作；首都师范大学毕晓燕博士与北京外国语大学博士研究生李铃，韩国又松大学林娟廷博士分别为教材生词做了日语和韩语翻译。在此向以上各位一并致以诚挚的谢意！

衷心希望本教材能够为初级汉语学习者提供方便，真诚欢迎使用者提出宝贵的意见和建议。

编者
2018年4月

主要人物表

大卫 美国人
27~28岁
学习汉语的
商务人士

山本 日本人 留学生
大卫的同学

安娜 西班牙人
留学生
大卫的好朋友

王乐 华裔 公司职员
大卫的朋友

马丁 英国人
王乐的同事

Jennifer 法国人
医生 安娜的朋友

李明 中国人
马丁公司的客户
大华贸易公司经理

	话题 Topic	交际功能 Function	课文题目 Title	语言点 Grammar	
Dì-yī Kè 第一课	购物	收银台付款 办理会员卡 道歉	Huìyuánkǎ Zěnme Bànlǐ? 会员卡 怎么 办理？	■ 固定词组"不好意思" ■ 折扣的表示	1
Dì-èr Kè 第二课	交通	乘坐公共汽车、地铁	Qù Huǒchēzhàn Zěnme Zuò Chē? 去 火车站 怎么 坐车？	■ 汽车线路的表示 ■ ……是……，不过……	13
Dì-sān Kè 第三课	联系	查询号码 电话留言	Yǒu Shì Qǐng Liú Yán 有事请 留言	■ 动词＋一下 ■ 离合词	25
Dì-sì Kè 第四课	问路	问路与指路 内部布局	Fùjìn Yǒu Méiyǒu Zìdòng Qǔkuǎnjī? 附近有没有 自动 取款机？	■ 楼层的表示 ■ 概数的表示	37
Dì-wǔ Kè 第五课	日期	说明日程安排 约定见面时间 更改见面时间	Zhōusì de Rìchéng Dōu Ānpái Mǎn Le 周四的日程 都 安排 满 了	■ 结果补语 ■ "把"字句 ■ 动词＋不＋了	49
Dì-liù Kè 第六课	饮食	商务宴请 祝酒 感谢	Wèi Yǒuhǎo Hézuò Gān Bēi! 为友好合作 干杯！	■ 固定词组"哪里哪里" ■ 一边……一边……	65
Dì-qī Kè 第七课	健康	询问病情 看病	Nǐ Nǎr Bù Shūfu? 你哪儿不舒服？	■ 副词"也" ■ 语气助词"了"	79

Dì-bā Kè 第八课	住宿	介绍姓名 预订房间	Wǒ Xiǎng Yùdìng Yí Ge Shāngwù Tàofáng 我 想 预订 一 个 商务 套房	■ 是……的 ■ 只要……就……	95
Dì-jiǔ Kè 第九课	银行	货币兑换 咨询业务	Měiyuán duì Rénmínbì de Huìlǜ Shì Duōshǎo? 美元 对 人民币 的 汇率 是 多少？	■ 汇率的表示 ■ 除了……（以外），还……	109
Dì-shí Kè 第十课	购物	报修电器	Wǒmen Kěyǐ Miǎn Fèi Wéixiū 我们 可以 免费 维修	■ 动词重叠 ■ 在……（以）内	121
Dì-shíyī Kè 第十一课	招聘	招聘面试 初次问候	Wǒmen Huì Jǐnkuài Tōngzhī Nǐ Miànshì Jiéguǒ 我们 会 尽快 通知 你 面试 结果	■ 疑问词"为什么" ■ 因为……所以……	135
Dì-shí'èr Kè 第十二课	交通	订购火车票	Mǎi Yì Zhāng Shíliù Hào Qù Nánjīng de Chēpiào 买 一 张 16 号 去 南京 的 车票	■ 可能，恐怕 ■ ……以前/以后	149
Dì-shísān Kè 第十二课	住宿	租房	Wǒ Shénme Shíhou Kěyǐ Bān Jìnlai? 我 什么 时候 可以 搬 进来？	■ 就/才+动词/形容词 ■ 趋向补语	163
Dì-shísì Kè 第十四课	谈判	签署合同 描述经历	Xīwàng Wǒ de Shìyè Yuèláiyuè Chénggōng 希望 我 的 事业 越来越 成功	■ 什么/哪儿/谁 ……也/都…… ■ 越来越	179
			生词总表		191
			语言点索引		202

略语表

名	名词	noun
动	动词	verb
形	形容词	adjective
数	数词	numeral
量	量词	measure word
代	代词	pronoun
副	副词	adverb
介	介词	preposition
连	连词	conjunction
助	助词	particle
叹	叹词	interjection
拟声	拟声词	onomatopoeia

第一课 会员卡怎么办理？

① 交际功能
- 收银台付款
- 办理会员卡
- 道歉

② 语言点
- 固定词组"不好意思"
- 折扣的表示

学一学

一、道歉 Make an apology

常用表达	举 例
duìbuqǐ 对不起	对不起，我来晚了。 对不起，请再说一遍。
bù hǎo yì si 不好意思	不好意思，我写错了。 不好意思，请问去银行怎么走？
zhēn　shízài　shífēn　　bàoqiàn （真／实在／十分……）抱歉	我忘记给你打电话了，真抱歉。 太麻烦你了，抱歉。
qǐng yuánliàng 请 原谅	我来晚了，请原谅。 这件事是我不对，请原谅。

二、折扣 Discount

25%OFF　　七五折
20%OFF　　八折
10%OFF　　九折

常用表达	举 例
dǎ　　zhé 打……折	超市的面包打八折。 这件衣服打几折？
zhé yōuhuì ……折 优惠 preferential	我们店的所有服装八五折优惠。 您可以享受九折优惠。 xiǎngshòu　　　　　enjoy

2

第一课 会员卡 怎么 办理？

练一练

一、看图对话 Talking by the way of pictures

1.

2.

3.

　　_____，去大成百货怎么走？

4.

二、完成句子 Complete the following sentences

1. 这种面包很便宜，打_____。
2. 买洗衣粉可以享受_____优惠。
3. 昨天我买了一个书包，打了_____。
4. 现在买可乐很便宜，_____。

会 话

学一学

词语准备　New words

1	刷卡	shuā kǎ	动	pay with a bank card
2	付	fù	动	pay
3	现金	xiànjīn	名	cash
4	微信	wēixìn	名	Wechat (a social medium application)
5	支付宝	zhīfùbǎo	名	Alipay (a third party online payment platform)
6	先生	xiānsheng	名	Mr.

第一课 会员卡 怎么 办理？

| 7 | 余额 | yú'é | 名 | balance |
| 8 | 足 | zú | 形 | enough |

对话 Dialogue

收银员：您好！请问您是刷卡还是付现金？微信或支付宝也行。

大卫：我刷卡。

收银员：先生，不好意思，您卡上的余额不足。

大卫：真抱歉，多少钱？我给你现金。

收银员：一共是572元。

大卫：好的。

词语准备 New words

9	会员	huìyuán	名	a member of an association, club, etc.
10	当天	dàngtiān	名	the same day
11	购物	gòu wù	动	shopping
12	累计	lěijì	动	add up
13	凭	píng	动	depend on
14	小票	xiǎopiào	名	receipt

5

15	可以	kěyǐ	动	can, may
16	免费	miǎn fèi	动	for free
17	享受	xiǎngshòu	动	enjoy

对话 Dialogue

大卫：请问会员卡怎么办理？

服务员：当天购物累计500元，凭购物小票可以免费办理一张会员卡。

大卫：会员卡有什么优惠呢？

服务员：购物可以享受九五折优惠。

大卫：那我办一张吧，给你我的购物小票。

服务员：先生，这是您的会员卡。欢迎您下次光临。

第一课　会员卡 怎么 办理？

练一练

一、根据图示结账　Settle accounts according to the following pictures

A：您好！请问您是……还是……？……或……也行。
B：我……。
……

二、办理会员卡　Apply for a membership card

乐多超市
购物500元，凭小票可免费办理会员卡一张，九折优惠。

大中书店
买一本书就可办理会员卡一张，享受八折优惠。

中新商场
购物累计1000元，凭小票可免费办理会员卡一张，九五折优惠。

A：请问……怎么办理？
B：当天……，可以……。
A：会员卡……呢？
B：可以享受……优惠。
A：那我……。
B：……。

一、你在商场买了一件480元的大衣，请到收银台结账
You bought an overcoat that cost 480 yuan in shopping mall. Please pay it at the cashier

A：您好！请问您是……还是……？……或……也行。
B：……。
A：不好意思，……。
B：真抱歉，……？……。
A：一共是……。
B：……。

二、根据广告，和朋友模拟办理会员卡
Simulate the scene of applying for a membership card with your partner according to the following advertisement

太平百货 会员卡

优惠
折扣优惠：购物消费可享受92折优惠。
办卡可享受免费停车、免费送货等服务。

办理
凭当日购物累计500元以上小票（或当月购物2000元以上）即可办理。

A：请问……？
B：……。
A：会员卡有什么优惠呢？
B：……。
A：……。（办一张）
B：……。欢迎您下次光临。

三、请调查你家附近的超市、百货商店、书店办理会员卡的条件，并将结果填入下列表格
Please investigate the conditions of applying for a membership card in the supermarket, shopping mall and bookstore near by your house, and then fill them into the following chart

商店名称	办理会员卡条件
超市	
百货商店	
书店	

付款常用表达 Useful expressions for payment

1. 请问您是刷卡还是付现金？微信或支付宝也行。
2. 我付现金／我刷卡／我用微信／我用支付宝。
3. 不好意思，您卡上的余额不足。

办理会员卡常用表达 Useful expressions for applying for a membership card

1. 请问会员卡怎么办理？
2. 当天购物累计500元，凭购物小票可以免费办理一张会员卡。
3. 有什么优惠呢？
4. 可以享受九五折优惠。
5. 那我办一张吧，给你我的购物小票。

你想学习更多吗？

将下面的图片与对应的词语连线

Connect the following pictures with the suitable name

卡 cards

| xìnyòngkǎ | shēnfènzhèng | gòuwùkǎ | jīfēnkǎ | jiāotōngkǎ | jiànshēnkǎ |
| 信用卡 | 身份证 | 购物卡 | 积分卡 | 交通卡 | 健身卡 |

第一课　会员卡 怎么 办理？

常见的银行　some banks

Zhōngguó Yínháng
中国 银行

Zhōngguó Gōngshāng Yínháng
中国 工商 银行

Zhōngguó Jiànshè Yínháng
中国建设银行

citibank

Standard Chartered

Zhōngguó Nóngyè Yínháng
中国农业银行

Zhādǎ Yínháng
渣打银行

Déyìzhì Yínháng
德意志 银行

Huāqí Yínháng
花旗 银行

Deutsche Bank

HSBC

Huìfēng Yínháng
汇丰 银行

小组活动　Group work

向朋友介绍　Introduce to your partner

1. 你钱包里有什么卡片？
   What kinds of cards do you have in your wallet?
2. 你有哪些银行的信用卡？
   What kinds of credit cards do you have?

怎么办？　How to do?

1. 办理健身房的会员卡
   Apply for a gym membership card
2. 办理超市的购物卡
   Apply for a shopping card in supermarket

附录

汉语中的大写数字
Chinese Numerals

yī	èr	sān	sì	wǔ	liù	qī
一	二	三	四	五	六	七
壹	贰	叁	肆	伍	陆	柒

bā	jiǔ	shí	bǎi	qiān	wàn
八	九	十	百	千	万
捌	玖	拾	佰	仟	萬

第二课 去火车站怎么坐车？
Dì-èr Kè Qù Huǒchēzhàn Zěnme Zuò Chē?

目标

① 交际功能
乘坐公共汽车、地铁

② 语言点
汽车线路的表示
……是……，不过……

学一学

一、怎么坐车　How to take the public transport

问		答
去和平饭店	zuò 坐几路车？ take (bus)	zuò　lù 坐28路汽车。 take No.28
	zuò 怎么坐车？ take (bus)	zuò　lù 坐332路汽车。 take No.332 zuò dìtiě　xiàn 坐地铁2号线． take subway Line 2

二、……是……，不过……　……shì……, búguò……

		是		不过
这件大衣	piàoliang 漂亮 beautiful		漂亮，	太贵了。
麻婆豆腐	hǎochī 好吃 delicious		好吃，	太辣了。
这本书	nán 难 difficult		难，	bāngzhù 对学习汉语有帮助。 help
北京的冬天	dōngtiān 冷 winter		冷，	yǒu yìsi 很有意思。 interesting

14

第二课 去 火车站 怎么坐车？

练一练

一、完成对话 Complete the following dialogues

问	答
请问，去银行坐几路车？	
	坐地铁5号线。
您好，去医院怎么坐车？	
	先坐10路，然后坐490路。

二、选择合适的词语完成句子 Complete the sentences with proper words

_____ 是 _____，不过 _____。

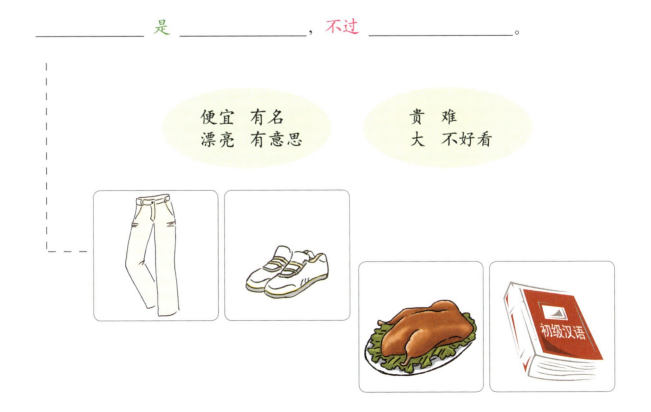

便宜 有名
漂亮 有意思

贵 难
大 不好看

一

词语准备 New words

1	时代	shídài	名	times, era
2	广场	guǎngchǎng	名	plaza, square
3	动物园	dòngwùyuán	名	zoo
4	站	zhàn	名	station
5	换乘	huànchéng	动	to transfer (trains or buses)
6	电车	diànchē	名	trolleybus
7	下	xià	动	get off
8	车	chē	名	vehicle
9	对面	duìmiàn	名	opposite
10	客气	kèqi	形	polite, courteous

对话 Dialogue

大卫：请问，去时代广场坐几路车？

路人：先坐332路到动物园站，然后换乘105路电车。

大卫：哦，那坐105路车在哪儿下车？

路人：在大华路站下。时代广场在马路对面。

16

第二课　去　火车站　怎么坐车？

大卫：谢谢您！

路人：不客气。

词语准备　New words

11	火车站	huǒchēzhàn	名	railway station
12	地铁	dìtiě	名	subway
13	行李	xíngli	名	baggage
14	麻烦	máfan	形	inconvenient
15	直达车	zhídáchē	名	through bus，through train
16	下班	xiā bān	动	get off duty
17	高峰	gāofēng	名	a high peak
18	容易	róngyì	形	easy
19	堵车	dǔ chē	动	traffic jam，traffic block
20	倒	dǎo	动	tranfer (trains or buses)

对话 Dialogue

山本：请问，去火车站怎么坐车？

路人：你先坐地铁1号线，然后在明光路站换乘地铁2号线。

山本：我的行李多，换乘太麻烦了，附近有没有直达车？

路人：有是有，不过现在是下班高峰，容易堵车，还是地铁快一点儿。

山本：那我坐地铁吧。先坐1号线，再倒2号线？

路人：对，没错。

第二课 去 火车站 怎么 坐车?

练一练

一、查找合适的公交线路,并模仿例子对话
Search the proper bus routes, and then make dialogues by imitating the example

线 路	乘坐公交	模拟对话
中新商场 → 和平饭店	52路 — 106路	A:请问,去和平饭店坐几路车? B:先坐52路到时代广场,然后换乘106路电车。 A:那坐106路车在哪儿下车? B:在和平饭店站下。 A:谢谢您! B:不客气。
火车站 → 展览馆(zhǎnlǎnguǎn) exhibition center		
时代广场 → 动物园		
京北医院 → 地铁东站		

19

二、询问地铁路线 Ask about subway routes

1. 从中山北路到上海体育场
2. 从石门一路到上海火车站
3. 从汉中路到中山公园

A：请问，去……怎么坐车？

B：先坐……，然后在……换乘……。

A：换乘太……了，附近有没有直达车？

B：有是有，不过……，还是……。

A：那我坐地铁吧。先……，然后……？

B：对，没错。

第二课　去 火车站 怎么 坐车？

实 践

一、角色扮演　Role-play

角色：A：路人　　　B：警察

Role：A：passersby　B：police

任务：A向B询问从图书大厦到太平广场怎么坐车。

Task：A ask B how to take a bus from Book Building to Taiping Square.

从 图书大厦　　　　　　到 太平广场

共换乘三次　86→603→地铁5号线

→乘86（图书大厦—动物园）
　　　上：图书大厦（经过7站）
　　　下：明山公园

→乘603（青年小区—人民东路）
　　　上：明山公园（经过3站）
　　　下：白云路

→乘 地铁5号线（火车站　中山公园）
　　　上：白云路（经过2站）
　　　下：太平广场

A	B
请问，去……坐几路车？	先……，然后……。
坐……在……下车？	在……站下。
谢谢您！	不客气。

二、你打算到天为外语学校学习,请给学校打电话,询问从火车站和机场应该怎么坐车
You plan to learn in Tianwei Foreign Language School, please call them to ask how to get there from the railway station or the airport

天为外语学校

电话：010-64159677

地址：北京新中街12号时代中心B701

外地学员乘车路线：

1. 从北京火车站乘坐地铁2号线,在东四站下车。在C出口乘坐115路公共汽车,在工人体育馆下车。

2. 从机场乘坐地铁机场线到东直门下车,在D出口乘坐416路公交车在工人体育馆下车。

三、周末你要在家举办一个聚会,请告诉朋友到你家应该怎么坐车
You will throw a party at home this weekend, please tell your friends how to take a bus to your house

询问怎么坐车的常用表达
Useful expressions for taking public transport

1. 请问去时代广场坐几路车?

2. 先坐332路到动物园,然后换乘105路电车。

3. 坐105路车在哪儿下车?

4. 在大华路站下。时代广场在马路对面。

5. 请问去火车站怎么坐车?

6. 你先坐地铁1号线,然后在明光路站换乘地铁2号线。

7. 附近有没有直达车?

第二课 去 火车站 怎么坐车？
Dì-èr kè Qù Huǒchēzhàn Zěnme Zuò Chē?

你想学习更多吗？

将下面的图片与对应的词语连线
Connect the following pictures with the suitable name

diànchē
电车

lìjiāoqiáo
立交桥

gōnggòng qìchē
公共汽车

chūzū qìchē
出租汽车

dìxià tōngdào
地下通道

guòjiē tiānqiáo
过街天桥

dìtiě
地铁

tíngchēchǎng
停车场

小组活动
Group work

1. 你周末要参观博物馆，请上网查询去博物馆应该怎么坐车。
   You plan to visit a museum this weekend, please search the bus route on the internet.

2. 你的邻居刚刚搬来，请告诉他/她去商场、去医院应该怎么坐车。
   You have a new neighbor, please tell him/her how to take a bus to the shopping mall and the hospital.

附 录

北京地铁线路图
Beijing Subway Map

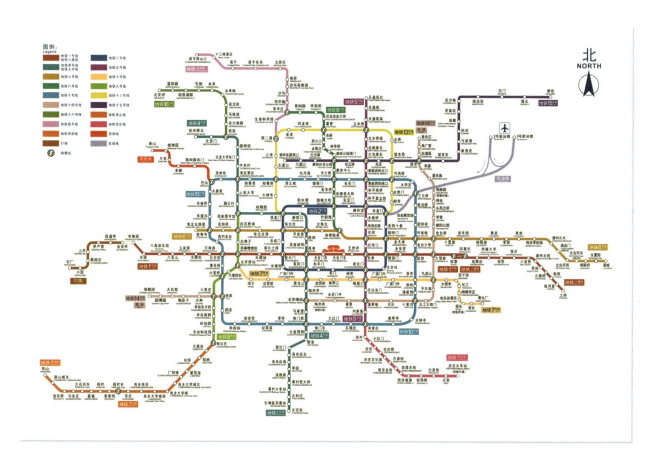

第三课
Dì-sān Kè

有事请留言
Yǒu Shì Qǐng Liú Yán

目标

① 交际功能
- 查询号码
- 电话留言

② 语言点
- 动词＋一下
- 离合词

学一学

一、动词 + 一下 Verb + yíxià

举 例			意 义
我	去	超市。	动作经历的时间短
请	说	你的电话号码。	
我	问	一下	去火车站怎么坐车。	
你帮我	点	菜。	

二、离合词 Split Words

	离合词	例 句
bāng máng 帮 忙 help	帮我忙，帮一个忙	请你帮我一个忙，好吗？
xǐ zǎo 洗澡 bathe	洗一个澡	我下午洗了一个澡。
jiàn miàn 见 面 meet	见几次面，和他见一会儿面	我和他见过两次面。
pái duì 排队 stand in a line	排半天队，排两次队	昨天我排了半天队。
yóu yǒng 游泳 swim	游一会儿泳，游一小时泳	我每天都要游一小时泳。

26

第三课 有事请留言

练一练

一、连线，并完成句子
Connect the suitable phrases together, and complete the sentences

去　　　　　　　你　　　　　　　　我去一下超市。
等　　　　　　　你的书
听　　　一下　　超市
看　　　　　　　那件蓝色的衣服
试　　　　　　　音乐

二、完成句子 Complete the following sentences

1. 帮忙＋我：你能帮我忙吗？
2. 洗澡＋一个：_____
3. 排队＋两次：_____
4. 游泳＋一会儿：_____
5. 见面＋老师：_____

学一学

词语准备　New words

1	查询	cháxún	动	inquire
2	为	wèi	介	for

27

3	服务	fúwù	动	serve
4	帮助	bāngzhù	动	help
5	查	chá	动	search, inquire
6	图书	túshū	名	books
7	大厦	dàshà	名	edifice, building
8	记录	jìlù	动	note, take notes

对话 Dialogue

电话问询

服务员：您好，114电话查询为您服务。请问您要什么帮助？

大卫：您好，我想查一下新华图书大厦的电话号码。

服务员：请记录，65160808。

大卫：65160808。谢谢。

第三课 有事请留言

词语准备 New words

9	现在	xiànzài	名	now
10	事	shì	名	affair, business
11	留言	liú yán	动	leave a message
12	订	dìng	动	book
13	本	běn	量	measure word
14	书	shū	名	book
15	周末	zhōumò	名	weekend
16	取	qǔ	动	get, fetch

留言 Message

王乐：你好，我是王乐。我现在不在家，有事请留言。

大卫：王乐，你好，我是大卫。我想请你帮一个忙。我在你家附近的新华图书大厦订了几本书，服务员说星期六能到。可是这个周末我不在北京，你能帮我取一下吗？他们的电话是65160808。

谢谢你了。

练一练

一、两人一组,分别拿表A和表B,通过互相问答,查询电话号码
Work in pairs, each one of you selects either sheet A or sheet B. You should ask and answer questions to check phone numbers.

表A		表B	
北京图书大厦	65869999	北京图书大厦	
火车站	52765177	火车站	
机 场		机 场	88541235
中国银行		中国银行	95566
IBM公司	74102569	IBM公司	
中新商场		中新商场	36358712

A:您好,114电话查询为您服务。请问……?

B:你好,我想查一下……的电话号码。

A:请记录,……。

B:……。谢谢。

二、给安娜电话留言,完成任务
Leave a message to Anna and complete the following tasks

1. 请安娜星期五晚上7点在北京饭店吃饭。

2. 请安娜帮你买一本汉语词典 cídiǎn dictionary。

A:你好,我是安娜。我现在不在家,有事请留言。
B:安娜,你好,我是……。我想……

第三课　有事请留言

一、向查号台查询下列电话号码，并记录
Call the directory enquiry for the following telephone numbers, and then write them down

序号	单　位	电话号码
1	火车站查询电话	
2	机场问询电话	
3	你的学校	
4	学校附近的书店	
5	你家附近的超市	
6	你家附近的医院	
7	你家附近的中餐馆	

二、你本来打算星期三晚上请马丁吃饭，但你临时有事，请给马丁电话留言，说明以下情况
You had intended to invite Martin for dinner on Wednesday evening, but something came up, you can't make it, please leave him a message, including:

1. 表示歉意
　　Your apology
2. 新的吃饭时间
　　Dinner time you changed
3. 新的吃饭地点
　　Restaurant

　　A：你好，我是马丁。我现在不在家，有事请留言。
　　B：……

31

三、请查询披萨店的电话,并预订一个披萨
Please ask about the telephone number of the pizza parlor, and book a pizza

1. 向查号台询问附近披萨店的电话号码。
   Call directory enquiry for the telephone number of the pizza parlor.
2. 给披萨店电话留言,说明:
   Leave a message to the pizza parlor, including:
   (1) 披萨的大小和口味
       The size and flavor of pizza
   (2) 送披萨的时间
       Delivery time
   (3) 你的地址
       Your address

查询电话号码常用表达　Useful expressions for calling directory enquiry

1. 您好,114电话查询为您服务。请问您要什么帮助?
2. 你好,我想查一下新华图书大厦/……的电话号码。
3. 请记录,65160808。

电话留言常用表达　Useful expressions for leaving a message

1. 你好,我是王乐。我现在不在家,有事请留言。
2. 王乐,你好,我是大卫。我想请你帮一个忙/……

你想学习更多吗？

将下面的电话号码与对应的名称连线
Connect the following telephone numbers with the suitable name

电话号码	名称
110	huǒ jǐng 火警
119	jǐnjí jiùyuán zhōngxīn 紧急救援中心
120	fěi jǐng 匪警
122	chá hào tái 查号台
999	bào shí tái 报时台
114	tiānqì yùbào 天气预报
117	dàolù jiāotōng shìgù bàojǐng tái 道路交通事故报警台
121	yīliáo jíjiùtái 医疗急救台

小组活动 Group works

填空 Fill in the blanks

	中 国	你的国家
查询电话号码	114	
查询天气情况		
查询时间		
给警察打电话		
发生火灾		
看见交通事故		
给医院打电话		

怎么办？How to do?

1. 看到交通事故，你如何报警？
   How do you inform the police when you saw a traffic accident?
   请说明 Please describe:
   (1) 事故情况 How did the accident happen
   (2) 事故时间 When did the accident happen
   (3) 事故地点 Where did the accident happen

   参考词语：撞车(zhuàng chē) traffic collision、追尾(zhuī wěi) pileup、受伤(shòu shāng) injured ……

2. 看到路人晕倒在路上，你给急救中心打电话时怎么说？
   What would you say to the Emergency Center when you saw someone fall in a faint in the street?
   请说明 Please describe:
   (1) 病人情况 What is the patient's condition
   (2) 发生时间 When did the emergency happen
   (3) 发生地点 Where did the emergency happen

   参考词语：晕倒(yūndǎo) fall in a faint、脸色(liǎnsè) look、苍白(cāngbái) pale、呼吸(hūxī) breath ……

附 录

部分国家电话代码
Phone Codes of Some Countries

Countries and Regions	国家或地区	diànhuà dàimǎ 电话代码 (phone code)
Australia	澳大利亚	61
Canada	加拿大	1
China	中国	86
Egypt	埃及	20
France	法国	33
Germany	德国	49
India	印度	91
Italy	意大利	39
Japan	日本	81
Korea	韩国	82
Russia	俄罗斯	7
Singapore	新加坡	65
South Africa	南非	27
Spain	西班牙	34
United Kingdom	英国	44
United States of America	美国	1

第四课 附近有没有自动取款机？
Dì-sì Kè Fùjìn Yǒu Méiyǒu Zìdòng Qǔkuǎnjī?

 目标

① 交际功能
- 问路与指路
- 内部布局

② 语言点
- 楼层的表示
- 概数的表示

学一学

一、楼层的表示 Floor

305房间 西山饭店 大华公司 超市	在几层/楼？ céng lóu	305房间 西山饭店 大华公司 超市	在	三 七 十五 地下一 dì xià basement	层/楼。

二、概数 Approximate number

相邻数字连用	数量结构＋左右 zuǒyòu
三四个人	十个人左右
十二三本书	二十岁左右
五六十岁	一百米左右

第四课　Dì-sì Kè　Fùjìn Yǒu Méiyǒu Zìdòng Qǔkuǎnjī?　附近有没有自动取款机？

练一练

一、两人一组，询问下列商品在哪个楼层
Ask about which floor the following goods are in

1. 汽车玩具　2. 女士大衣　3. 男士T恤　4. 面包

5F	儿童服装、玩具
4F	运动服装
3F	男士服装
2F	女士服装
1F	化妆品、服务台
B1	超市

二、看图填空
Fill in the following blanks with the approximate numbers according to the pictures

1. 从这儿到超市很近，有＿＿＿＿米。

2. 那个人可能＿＿＿＿岁左右。

3. 我下午5点半＿＿＿＿去接你。

4. 我有＿＿＿＿个中国朋友。

学一学

一

词语准备 New words

1	自动取款机	zìdòng qǔkuǎnjī	名	ATM
2	就	jiù	副	at once, right away
3	层	céng	名	floor
4	顺（着）	shùn (zhe)	动	along
5	条	tiáo	量	measure word
6	红绿灯	hónglǜdēng	名	traffic light
7	过去	guòqu	动	go over
8	大概	dàgài	副	probably
9	米	mǐ	量	meter

对话 Dialogue

安娜：请问，附近有没有自动取款机？

路人：有，就在前面图书大厦一层。

安娜：图书大厦怎么走？

第四课 附近有没有自动取款机？
Dì-sì Kè   Fùjìn Yǒu Méiyǒu Zìdòng Qǔkuǎnjī?

路人：你顺着这条路往前走，在第一个红绿灯路口往右拐。
Lù rén Nǐ shùnzhe zhè tiáo lù wǎng qián zǒu, zài dì-yī ge hónglǜdēng lùkǒu wǎng yòu guǎi.

安娜：往前走，然后右拐。
Ānnà Wǎng qián zǒu, ránhòu yòu guǎi.

路人：对，拐过去大概走五六十米就看到了。
Lù rén Duì, guǎi guoqu dàgài zǒu wǔliùshí mǐ jiù kàn dào le.

安娜：谢谢！
Ānnà Xièxie!

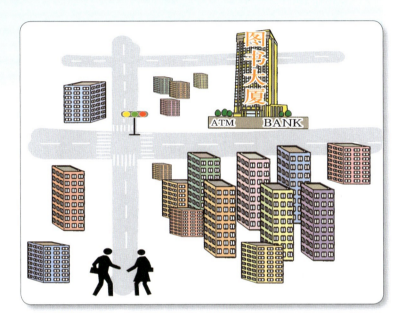

词语准备 New words

10	贸易	màoyì	动	trade
11	楼	lóu	名	floor
12	电梯	diàntī	名	elevator, lift
13	过	guò	动	pass
14	大厅	dàtīng	名	lobby
15	以后	yǐhòu	名	after
16	应该	yīnggāi	动	should
17	出	chū	动	come out
18	左右	zuǒyòu	名	about, around
19	走廊	zǒuláng	名	corridor

41

对话 Dialogue

王乐：你好，请问大华贸易公司在几楼？

前台：在十楼，1005房间。

王乐：在哪儿上电梯？

前台：您往前走，过了大厅就能看见电梯了。

王乐：下了电梯以后，我应该怎么走呢？

前台：您出电梯后往右走十米左右，有一个走廊，顺着走廊您往左拐，就看到了。

王乐：谢谢！

第四课　附近有没有自动取款机？
Dì-sì Kè　Fùjìn Yǒu Méiyǒu Zìdòng Qǔkuǎnjī?

练一练

一、说说下列地点在什么位置　Ask how to go to the following locations

　　1. ATM　2. 超市　3. 地铁站

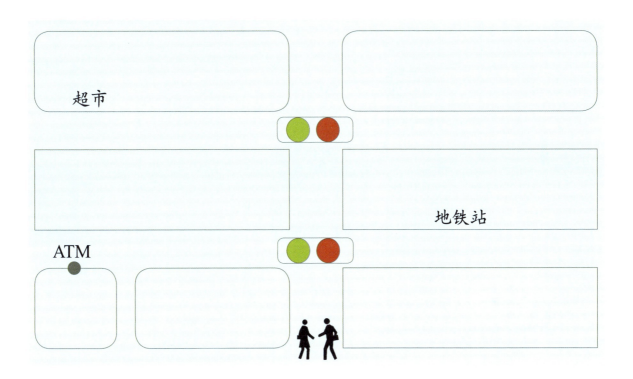

A：请问，附近有没有……?

B：有。你顺着……，在……往……拐。

A：往……走，然后……。

B：对，拐过去大概……。

A：谢谢！

二、说明下列公司的位置　Describe the position of the following companies

1. 中新电子　2. 新华公司　3. 东方公司

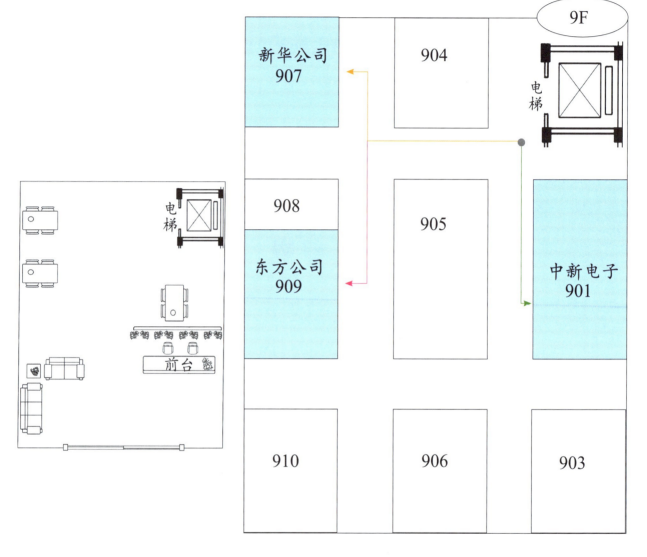

（在前台）

A：你好，请问……在几楼？
B：在……楼，……房间。
A：在哪儿上电梯？
B：您……，过了……就能看见电梯了。
A：下了电梯以后，我该怎么走呢？
B：哦，您出电梯后……。
A：谢谢！

实 践

一、你是宾馆大堂的服务员，请告诉旅客如何从大堂到达会议中心
You are a hotel receptionist, please tell the guest how to get to the conference center from the lobby

二、你要去NIKE专柜，请询问售货员应该怎么走
You want to go to NIKE counter, please ask the shop assistant how to get there

5F	儿童用品	电子产品
4F	运动服装	
3F	女士服装	
2F	男士服装	
1F	化妆品	服务台

（在服务台）

A：你好，请问……在几楼？
B：在……楼。
A：下了电梯以后，我该怎么走呢？
B：哦，您出电梯后……。
A：谢谢！

45

三、快递公司的送货人员已经到你家的小区门口了，他打电话询问你家的具体地址，请告诉他该怎么走

The courier of the express company is now at the gate of your housing estate. Please tell him how to get to your house over the phone

喂，你好，我是天为公司的送货员。我在你家的小区门口，请问到你家怎么走？

总 结

问路指路常用表达 Useful expressions for asking and directing the way

1. 请问，附近有没有自动取款机？
2. 有，就在前面图书大厦一层。
3. 你顺着这条路往前走。
4. 在第一个红绿灯路口往右拐。
5. 拐过去大概走五六十米就看到了。

询问内部布局常用表达
Useful expressions for asking about the layout of buildings

1. 请问大华贸易公司在几楼？
2. 大华公司在十楼，1005房间。
3. 在哪儿上电梯？
4. 您往前走，过了大厅就能看见电梯了。
5. 下了电梯以后，我该怎么走呢？
6. 您出电梯后往右走十米左右，有一个走廊，顺着走廊您往左拐，就看到了。

第四课　附近有没有自动取款机？

你想学习更多吗？

将下面的标识与对应的词语连线
Connect the following signs with the suitable name

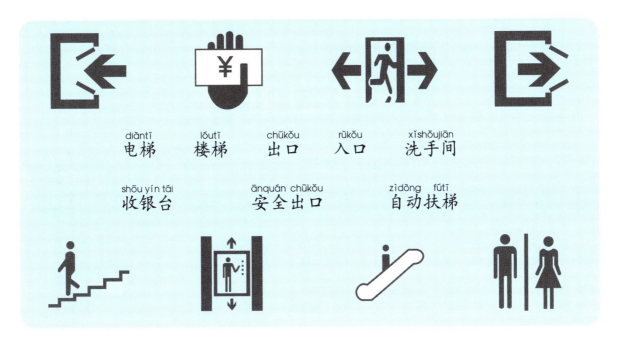

小组活动　Group work

1. 向朋友介绍你常去的超市，说明它的地址及楼层分布。
   Introduce the address and layout of the supermarket you often go to.

2. 选一个学校附近有名的地方，告诉朋友去那儿应该怎么走。看朋友能不能猜出你说的地方。Choose a famous place around your school, and tell your partner how to get there. Let him/her guess its name.

mǒu xiězìlóu zhāo zū guǎnggào
某写字楼招租广告
Lease Advertising for an Office Building

xiězìlóu zuò
写字楼 A 座

miànjī qīwàn bāqiān líng liùshí píngfāngmǐ
面积：78060 平方米

gāodù liùshí mǐ shísì céng
高度：60米/14层

zuò sān céng dōng cè wéi yíwàn píngfāngmǐ kōngzhōng huāyuán
A座三层 东侧为10000平方米 空中 花园

biāozhǔncéng sì dào shísì céng
标准层：4到14层

biāozhǔncéng jiànzhù miànjī yuē liùqiān bābǎi píngfāng mǐ
标准层 建筑 面积：约 6800 平方米

diàntī gòng èrshí bù qízhōng sì bù huò tī
电梯：共20部，其中4部货梯

xiězìlóu zuò
写字楼 B 座

miànjī liǎngwàn yīqiān bābǎi sìshíwǔ píngfāngmǐ
面积：21845 平方米

gāodù liùshí mǐ shí sì céng
高度：60米/14层

zuò dàtáng wèi yú shǒu céng gāodù jìn shí mǐ
B座大堂位于首层，高度近10米

biāozhǔncéng sì dào shísì céng
标准层：4到14层

biāozhǔncéng jiànzhù miànjī yuē yīqiān jiǔbǎi píngfāng mǐ
标准层 建筑 面积：约 1900 平方米

diàntī gòng bā bù qízhōng liǎng bù huòtī
电梯：共8部，其中 2部货梯

48

第五课
周四的日程都安排满了

① 交际功能
- 说明日程安排
- 约定见面时间
- 更改见面时间

② 语言点
- 结果补语
- "把"字句
- 动词+不+了

学一学

一、结果补语 Complement of result

V + A / V

S	V	A / V		O
我	吃	饱 bǎo full	了。	
弟弟	走	累 lèi tired	了。	
你 应该 yīng gāi should	写 xiě write	完 wán be over		作业。 zuòyè homework
他	看 kàn look, watch	到	了	什么？

二、"把"的用法 Use of "bǎ"

S	把	O	V	
请		门 mén door	关 guān close	好。
我	把 bǎ	大衣 dàyī	洗 xǐ wash	干净了。 gānjìng clean
弟弟		作业	写	完了。
大卫		这件事	告诉 gàosu tell	了我们。

50

第五课　周四的日程 都 安排 满 了

三、动词+不+了　Verb + bu + liǎo

你点的菜太多，我们吃不了。

我现在有事，还走不了。

他的汉语很好，我比不了他。

今天银行休息，办不了业务。

练一练

一、选词填空　Fill in the following blanks with proper words

完　　下　　红　　明白

1. 妹妹哭＿＿＿＿＿了眼睛。

2. 他看＿＿＿＿＿了那本书。

3. 请留＿＿＿＿＿您的电话号码。

4. 我们听＿＿＿＿＿了老师的话。

二、看图说话　Talk by the way of pictures

1. 他把＿＿＿＿＿喝＿＿＿＿＿。

2. 她把窗户(chuānghu) (window)＿＿＿＿＿。

3. 大卫把_____写_____。　4. 她把_____。

三、用"动词+不+了"回答问题
Answer the following questions with "Verb + bu + liǎo"

1. 你明天来我家吗?

2. 你会做中国菜吗?

3. 你等我一会儿,好吗?

4. 这件衣服大小合适吗?

学一学

词语准备 New words

| 1 | 方便 | fāngbiàn | 形、动 | convenient |
| 2 | 日程 | rìchéng | 名 | schedule |

第五课 周四的日程都安排满了

3	表	biǎo	名	table, list
4	安排	ānpái	动	arrange
5	满	mǎn	形	full
6	要是	yàoshi	连	if
7	办公室	bàngōngshì	名	office
8	咱们	zánmen	代	we, us

对话 Dialogue

李明：喂，你好！我是李明。

马丁：李经理，你好！我是马丁。我想周四和您见个面，您方便吗？

李明：请稍等，我查一下日程表，我周四上午的日程都安排满了，下午可以吗？

马丁：下午我没什么安排，要是您方便的话，3点钟我去您办公室。

李明：没问题，咱们周四见。

二

词语准备 New words

9	秘书	mìshū	名	secretary
10	正在	zhèngzài	副	in process of
11	开会	kāihuì	动	have a meeting
12	约	yuē	动	make an appointment
13	急	jí	形	urgent
14	转告	zhuǎngào	动	pass on a message
15	一定	yídìng	副	surely, certainly, necessarily
16	另外	lìngwài	副	additionally
17	改	gǎi	动	change
18	下	xià	名	next
19	意思	yìsi	名	meaning
20	非常	fēicháng	副	very, extremely
21	感谢	gǎnxiè	动	thank
22	再见	zàijiàn	动	bye-bye

对话 Dialogue

马丁：你好，我是马丁。请问李经理在吗？

秘书：马丁先生您好，李经理正在开会，您有什么事？

马丁：我和李经理约好今天下午见面，可我有急事去不了了，请你转告他。

第五课 周四的日程都安排满了

秘书：好，我一定转告。

马丁：另外，麻烦你问一下李经理，能不能把见面时间改在下周一？

秘书：我一定把您的意思告诉李经理，一有消息我就通知您。

马丁：非常感谢，再见！

秘书：不客气，再见。

练一练

一、根据日程表，约定见面时间
Make an appointment by phone according to the calendar schedule

		大卫	王经理	马丁
周一	上午		开会	外出 go out
	下午			开会
周二	上午		开会	
	下午	外出	开会	
周三	上午	外出		
	下午	外出		开会

1. 大卫约王经理星期一见面
2. 马丁约大卫星期二见面
3. 王经理约马丁周三见面

A：喂，你好！我是……。
B：……，你好！我是……。我想……和你见个面，您方便吗？
A：请稍等，我查一下……，我……的日程都安排满了，……可以吗？
B：……我没什么安排，要是你方便的话，……我去你办公室。
A：没问题，咱们……见。

二、大卫12日有急事要出差，请修改他的日程安排
David will go on an urgent business trip on Wednesday, 12th. Please change his schedule

12日（周三）日程表

9:30~11:00 与王乐见面
　　　　　希望改在18日

12:00~14:00 请李经理吃饭
　　　　　希望改在16日

15:00~16:30 与马丁开会
　　　　　希望改在17日

大卫：你好，我是大卫。请问……在吗？

秘书：大卫先生您好，……正在开会，您有什么事？

大卫：我和……约好……，可我12号要……，请你转告……。

秘书：好，我一定转告。

大卫：另外，麻烦你……，能不能把……改在……？

秘书：我一定把……，一……我就……。

大卫：非常感谢，……！

秘书：……，再见。

一、根据日程安排，请给安娜打电话约见面的时间
Please make an appointment with Anna by phone according to the schedule

你的日程		
日期	日程安排	备注
3月5日星期三	上午：开会	给安娜打电话，约她见面
3月6日星期四	下午：3:00～5:00 和大卫见面	
3月7日星期五		

安娜的日程		
日期	日程安排	备注
3月5日星期三	去香港	
3月6日星期四	从香港回	
3月7日星期五	10:00～11:30 去经理办公室	

二、角色扮演 Role-play

角色：A：东方公司王明；B：大华公司李经理秘书
Role：A: Wang Ming of Dongfang Company
　　　B: Manager Li's secretary of Dahua Company

任务：1. A希望把开会时间从5月10日改到5月12日，请B转告大华公司李经理。

Task：1. A wants to change the meeting time from May 10th to May 12th, and asks B to pass on this message to Manager Li.

第五课　周四的日程 都 安排 满了

2. B完成电话记录。

2. B completes the following call notes.

电话记录

来电人姓名	
来电人单位	
来电人找	李经理
留言内容	
接电话人	

A

您好，我是……。请问……？
我和……约好……，可……，请你……。
另外，麻烦你……，能不能……？
非常感谢。

B

……您好。……，您有什么事？
好，我一定……。
我一定……，一……就……。
不客气。

三、请你给Amazon网站打电话，更改送货时间
Please call Amazon to change the delivery time

A：您好，Amazon网站。
B：您好，我在Amazon上买了……，应该是……送货。可……，请把送货时间改在……。
A：好，我会把……改在……。
B：非常感谢，……！
A：……，再见。

约定见面时间的常用表达
Useful expressions for making an appointment

1. 李经理,你好!我是马丁。我想周四和您见个面,您方便吗?
2. 请稍等,我查一下日程表,我周四上午的日程都安排满了,下午可以吗?
3. 下午我没什么安排,要是您方便的话,3点钟我去您办公室。
4. 没问题,咱们周四见。

更改见面时间的常用表达
Useful expressions for rescheduling an appointment

1. 我和李经理约好今天下午见面,可我有急事去不了了。
2. 能不能把见面时间改在下周一?
3. 请你转告李经理。

第五课　周四的日程都安排满了

你想学习更多吗？

将下面的词语与英文释义连线
Connect the following name with the suitable interpretation

dǒngshìzhǎng 董事长	CEO
zǒngcái 总裁	division manager
shǒuxí zhíxíngguān 首席执行官	chairman of the board
zǒngjīnglǐ 总经理	vice-general manager
fù zǒngjīnglǐ 副总经理	president
bùmén jīnglǐ 部门经理	general manager

tánpàn 谈判	be on a business trip
xiūjià 休假	interview
zhāopìn 招聘	negotiation
chūchāi 出差	investigation
kǎochá 考察	invite applications for a job
huìjiàn 会见	have a holiday

小组活动 Group work

1. 你是经理秘书，山本希望能与经理谈判，请你安排谈判时间。
   Yamamoto wants to negotiate with your manager, please arrange the time as a manager's secretary.

经理日程		
9月15日	星期一	出差（上海）
9月16日	星期二	出差（上海）
9月17日	星期三	10:00 考察中新公司，会见其董事长，下午返回
9月18日	星期四	9:30~12:00 招聘会议
9月19日	星期五	休假，下周六回

   秘书：您好，总经理办公室。
   山本：……

2. 你下个星期怎么安排？What's your plan for next week?

周一	
周二	
周三	
周四	
周五	
周六	
周日	

第五课　周四的日程都安排满了
Dì-wǔ Kè　Zhōusì de Rìchéng Dōu Ānpái Mǎn Le

附录

某会议日程安排
Meeting Schedule

2017中国（广东）国际电子商务大会

Preliminary Agenda: 2017 China International E-Commerce Conference, Guangdong

时间：2017年9月16日
Time: September 16, 2017

地点：广州白云国际会议中心东方厅
Venue: Oriental Hall, Baiyun International Convention Center, Guangzhou

时间 Time	内容 Activities	
8:30～9:00	签到：大堂入口 Registration: Ground Floor Entrance	
	上午 Morning Session	
9:00～9:30	开幕式 Opening ceremony	
9:30～10:10	主题发言 Statements	
10:10～10:30	茶歇 Coffee Break	
10:30～11:45 主题演讲 Keynote	10:30～10:45　思科 Cisco	
	10:45～11:00　IBM	
	11:00～11:15　谷歌 Google	
	11:15～11:30　易趣 eBay	
	11:30～11:45　欧盟驻华代表 EU Delegate	
	下午 Afternoon Session	
14:00～15:15 主题演讲 Keynote	14:00～14:15　中国银联 China Union Pay	
	14:15～14:30　中国移动公司 China Mobile	
	14:30～14:45　腾讯 Tencent	
	14:45～15:00　阿里巴巴 Alibaba	
	15:00～15:15　亚马逊 Amazon	
15:15～15:30	茶歇 Coffee Break	
15:30～17:00	案例分析 Case Study	
17:00	会议结束 Close	

第六课

为友好合作干杯！

目标

① 交际功能
- 商务宴请
- 祝酒
- 感谢

② 语言点
- 固定词组"哪里哪里"
- 一边……一边……

准备

学一学

一、感谢 Acknowledgement

常用表达		举　例
感　谢	应　答	
谢谢（您） 非常/十分 感谢 感谢您的安排 给您添麻烦了	不用谢 不客气 没关系 您太客气了 哪里哪里	太谢谢您了。 不用谢/不客气/没关系。 非常感谢您的安排。 您太客气了。 非常感谢，给您添麻烦了。 哪里哪里。

二、一边……一边……　　yì biān…… yì biān……

爸爸		（一）边	喝茶 hē chá drink tea	（一）边	看书。
他			写作业		听音乐。 tīng yīnyuè listen to music
安娜	喜欢		吃饭		看电视。 diànshì watch TV
他们	正在		走		谈。 tán talk

第六课 为友好合作干杯!
Dì-liù Kè　Wèi Yǒuhǎo Hézuò Gān Bēi!

练一练

一、看图对话　Make dialogues according to the pictures

汉语说得真好!

二、完成句子 Complete the following sentences

| 马丁一边 _____ | 他们一边 _____ | 她一边 _____ | 妈妈一边 _____ |
| 一边 _____。 | 一边 _____。 | 一边 _____。 | 一边 _____。 |

学一学

词语准备 New words

1	出席	chūxí	动	attend
2	宴会	yànhuì	名	banquet
3	深	shēn	副	deeply
4	感	gǎn	动	feel
5	荣幸	róngxìng	形	be honoured
6	贵	guì	形	your (with respect)

第六课 为友好合作干杯！

7	添	tiān	动	increase
8	合	hé	动	fit
9	口味	kǒuwèi	名	taste, flavor of food
10	健康	jiànkāng	名	health
11	干杯	gān bēi	动	cheers
12	友好	yǒuhǎo	形	friendly
13	合作	hézuò	动	cooperate

对话 Dialogue

李经理：马丁先生，您能出席今天的宴会，我们深感荣幸。

马　丁：哪里哪里，我们这次来给贵公司添了不少麻烦，非常感谢！

李经理：您太客气了。我们今晚吃中国菜，不知道合不合您的口味。

马　丁：中国菜很好吃，我非常喜欢。

李经理：那太好了。菜来了，我们边吃边谈。

马 丁：为您的健康干杯！

李经理：为我们的友好合作干杯！

二

词语准备　New words

14	各	gè	代	every
15	位	wèi	量	measure word
16	嘉宾	jiābīn	名	honorable guest
17	能够	nénggòu	动	can
18	感到	gǎndào	动	feel
19	十分	shífēn	副	very
20	谨	jǐn	副	sincerely
21	代表	dàibiǎo	动	on behalf of
22	对	duì	介	to, towards
23	热情	rèqíng	形	warm, enthusiastic
24	款待	kuǎndài	动	treat
25	表示	biǎoshì	动	express
26	衷心	zhōngxīn	形	heartfelt
27	提议	tíyì	动	propose

第六课 为友好合作干杯!

叙述 Narrative

(马丁)

各位嘉宾,今天能够出席贵公司安排的宴会,我感到十分荣幸。我谨代表我们公司对你们热情的款待表示衷心感谢!

我提议,为了我们今后的友好合作,为了大家的健康,干杯!

练一练

一、下列各场景中,你如何欢迎客人?
How do you welcome the guests in the following scenes

时　间	日程安排
9月1日中午	中国饭店　宴请王经理
9月8日晚上	韩国餐厅　宴请金先生
9月12日晚上	日本饭店　宴请李经理

71

A：……先生，您能出席今天的宴会，我们……。
B：……，我们这次来给……添了……，……！
A：您……。我们今晚吃……，不知道……。
B：……很好吃，我非常……。
A：那太好了。菜来了，我们……。
B：为……干杯！
A：为……干杯！

二、根据提示，在不同情况下发表简短的祝酒词
Give brief announcements in different circumstances according to the hints

1. 感谢中新公司安排的宴会
2. 欢迎王总光临
3. 代表中新公司庆祝大华公司成立

各位嘉宾，今天能够出席 { ……公司安排的宴会 / 欢迎王总光临的宴会 / 庆祝大华公司成立的宴会 }，我感到……。

我谨代表 { 我们公司 / 公司 / 中新公司 } 对 { ……的款待 / ……的到来 / ……的成立 } 表示 { ……感谢 / ……欢迎 / ……祝贺 }。

我提议，为了 { ……的合作 / ……的健康 / ……的友谊 }，干杯！

第六课　为友好合作干杯！

实　践

一、角色扮演　Role-play

角色：A：大华公司李经理　B：中新公司王乐
任务：A宴请B

Role:　A: Manager Li of Dahua Company
　　　B: Wang Le of Zhongxin Company
Task:　A invites B to dinner

A	B
……，您能……，我们……。 我们边……边……。 为……干杯！	哪里哪里，……。 ……很好吃，我……。 为……干杯！

二、东方公司的王经理为你准备了一个欢迎宴会，请你做一个发言
Manager Wang of Dongfang Company gives you a welcome banquet, please make a speech

内容包括：
1. 表示感谢
2. 祝愿你们合作顺利

Including:
1. Express your gratitude
2. Wish cooperation to go smoothly

三、根据请柬的内容，和朋友完成以下交际练习
Complete the tasks with your partner according to the invitation

1. 模拟王明宴请大卫的场景
2. 代表大卫，发表一个简短的祝酒词

1. Simulate the scene that Wang Ming entertains David
2. Make a brief speech in reply to the toast as David.

请 柬

中新公司 大卫先生：

  谨定于2017年6月12日中午12点，在三元饭店为您举行欢迎午宴，敬请光临。

东方公司 经理 王明
2017年6月3日

第六课　为友好合作干杯！

总结

商务宴请常用表达　Useful expressions for business banquets

1. 马丁先生，您能出席今天的宴会，我们深感荣幸。
2. 哪里哪里，我们这次来给贵公司添了不少麻烦，非常感谢！
3. 您太客气了。我们今晚吃中国菜，不知道合不合您的口味。
4. 中国菜很好吃，我非常喜欢。
5. 那太好了。菜来了，我们边吃边谈。
6. 为您的健康/为我们的友好合作干杯！

祝酒常用表达　Useful expressions for toasting

1. 各位嘉宾，今天能够出席贵公司安排的宴会，我感到十分荣幸。
2. 我谨代表我们公司对你们热情的款待表示衷心的感谢！
3. 我提议，为了我们今后的友好合作/为了大家的健康，干杯！

你想学习更多吗？

查查下列词语是什么意思，并将不同菜归入合适的菜系

What do the following words mean? Please connect the dishes with the proper cuisines

cài xì 菜系	tèsè cài 特色菜
lǔcài 鲁菜	cōngshāo hǎi shēn 葱烧海参
	gǔlǎo ròu 古老肉
chuāncài 川菜	kǎoyā 烤鸭
	mápó dòufu 麻婆豆腐
huáiyáng cài 淮扬菜	báizhuó xiā 白灼虾
	yánshuǐ yā 盐水鸭
	gōngbǎo jīdīng 宫保鸡丁
yuècài 粤菜	xīhú cùyú 西湖醋鱼

第六课　为友好合作干杯！
Dì- liù Kè　Wèi Yǒuhǎo Hézuò Gān Bēi!

小组活动　Group work

1. 和你的朋友调查一下不同菜系各有什么特点？
   Investigate the features of different cuisines with your partner.

鲁菜	
川菜	
淮扬菜	
粤菜	

2. 你喜欢什么中国菜？它和你国家的菜有什么区别？
   What kind of Chinese dishes do you like? What is the difference between Chinese dishes and your country's dishes?

3. 讨论：宴请不同的人，你会选择什么菜？为什么？
   Discuss: What dishes will you choose for different guests? Why?

   宴请朋友：_____
   宴请同事：_____
   宴请领导：_____
   商务宴请：_____

附　录

部分中国菜的英文名
English Names of Some Chinese Dishes

1	dōngpō ròu 东坡肉	Braised Dongpo Pork
2	gǔlǎo ròu 古老肉	Sweet and Sour Pork

3	hóngshāo shīzi tóu 红烧狮子头	Stewed Pork Ball in Brown Sauce
4	cuìpí rǔzhū 脆皮乳猪	Crispy BBQ Suckling Pig
5	huíguō ròupiàn 回锅肉片	Sautéed Sliced Pork with Pepper and Chili
6	jīngjiàng ròusī 京酱肉丝	Sautéed Shredded Pork in Sweet Bean Sauce
7	tángcù páigǔ 糖醋排骨	Sweet and Sour Spare Ribs
8	yúxiāng ròusī 鱼香肉丝	Yu-Shiang Shredded Pork (Sautéed with Spicy Garlic Sauce)
9	tiěbǎn niúròu 铁板牛肉	Sizzling Beef Steak
10	fūqī fèipiàn 夫妻肺片	Sliced Beef and Ox Tongue in Chilli Sauce
11	cōngbào yángròu 葱爆羊肉	Sautéed Lamb Slices with Scallion
12	shuàn yángròu 涮羊肉	Mongolian Hot Pot
13	dàzhǔ gānsī 大煮干丝	Braised Shredded Chicken with Ham and Dried Tofu
14	gōngbǎo jīdīng 宫保鸡丁	Kung Pao Chicken
15	Běijīng kǎoyā 北京烤鸭	Beijing Roast Duck
16	mápó dòufu 麻婆豆腐	Mapo Tofu
17	jiācháng dòufu 家常豆腐	Fried Tofu, Home Style
18	fānqié dànhuātāng 番茄蛋花汤	Tomato and Egg Soup
19	suānlà tāng 酸辣汤	Hot and Sour Soup
20	mǐfàn 米饭	Steamed Rice
21	jīdàn chǎofàn 鸡蛋炒饭	Fried Rice with Egg
22	Běijīng zhájiàngmiàn 北京炸酱面	Noodles with Soy Bean Paste, Beijing Style
23	shēngjiānbāo 生煎包	Pan-Fried Bun Stuffed with Pork
24	cōngyóu bǐng 葱油饼	Fried Baked Scallion Pancake
25	jīnyín mínǐ mántou 金银迷你馒头	Steamed and Deep-Fried Mini Bun

第七课 Dì-qī Kè
你哪儿不舒服? Nǐ Nǎr Bù Shūfu?

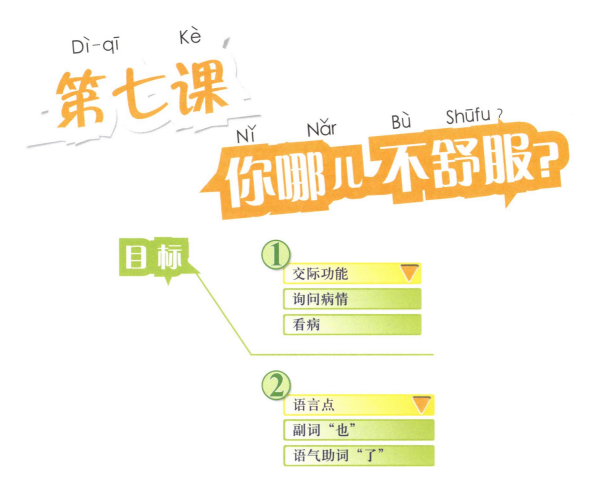

目标

① 交际功能
- 询问病情
- 看病

② 语言点
- 副词"也"
- 语气助词"了"

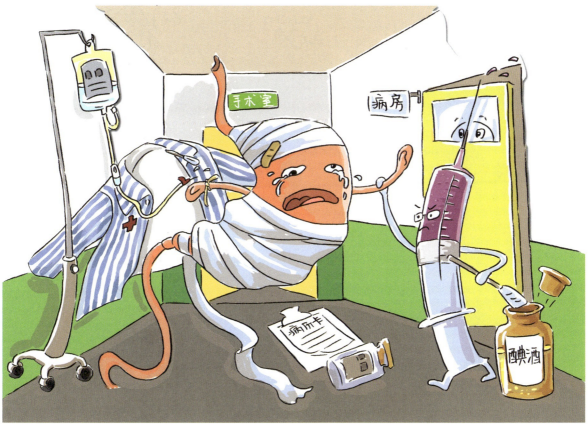

准 备

学一学

一、询问病情 Asking about symptom

……＋哪儿＋不舒服(shūfu)？／怎么了？
comfortable

你哪儿不舒服(shūfu)？
你怎么了？

我头疼(tóu téng)

我嗓子疼(sǎngzi téng)

我咳嗽(késou)

我发烧(fā shāo)

第七课　你哪儿不舒服？

二、……也……　…… yě ……

我	去超市，	他		去超市。
我	要鱼肉，	我弟弟	也	要鱼肉。
大卫	想去北京，			想去上海。
大卫	打算买衬衣，		也	打算买鞋。

三、语气助词"了"　Mood particle "le"

他5号去上海了。	
单人间没有了。	表示事态变化
今天下雨了。	
Jennifer咳嗽三天了。	

练一练

一、完成对话 Complete the following dialogues

	问	答
	你哪儿不舒服？	我 _____。
	_____？	我嗓子疼。
	你哪儿 _____？	我 _____。
	_____？	我发烧了。

二、完成句子 Complete the following sentences

昨天是晴天

今天是晴天　　　　　昨天是晴天，今天也是晴天。

第七课　你哪儿不舒服？

我喜欢吃中国菜。

大卫喜欢吃中国菜。

我_____，大卫_____。

这个房间有20平米。

那个房间有20平米。

_____，_____也_____。

我去了银行。

我去了超市。

我_____，也_____。

她买了一件衬衫。

她买了一双鞋。

_____。

三、看图说话　Talk by the way of pictures

1. 从上海到北京的机票_____。

2. Mary去_____。

3. 他不喜欢_____了。

4. _____到_____。

第七课　你哪儿不舒服？

会　话

学一学

一

词语准备　New words

1	脸色	liǎnsè	名	look, complexion
2	带	dài	动	take
3	雨伞	yǔsǎn	名	umbrella
4	淋	lín	动	drench, pour, sprinkle
5	感冒	gǎnmào	动	catch a cold
6	医院	yīyuàn	名	hospital
7	不要紧	bú yàojǐn		never mind
8	休息	xiūxi	动	rest
9	最近	zuìjìn	名	recentness
10	注意	zhùyì	动	pay attention to

对话　Dialogue

马丁：你脸色不好，怎么了？

王乐：昨天没带雨伞，淋雨了。今天一直头疼，嗓子也疼。

85

马丁：你是不是感冒了？去医院看看吧。

王乐：不要紧，我回家休息一下就没事了。

马丁：最近天气不好，你要注意身体。

词语准备　New words

11	医生	yīshēng	名	doctor
12	药	yào	名	medicine
13	片	piàn	量	tablet
14	喝	hē	动	drink
15	水	shuǐ	名	water

第七课 你哪儿不舒服？

对话 Dialogue

医生：你哪儿不舒服？

王乐：我头疼，嗓子也疼。

医生：还有其他不舒服吗？

王乐：有一点儿咳嗽。

医生：你不舒服多长时间了？

王乐：有两天了。

医生：是感冒。先吃点儿药吧，每天三次，每次两片。你还要多喝水，多休息。

王乐：好，谢谢！

练一练

一、你朋友脸色不好，问问是什么原因
Your friend looks pale, ask what the reason is

A：你脸色不好，怎么了？

B：……

A：……

B：不要紧，……

A：……，你要注意身体。

二、听听医生的建议 Listen to your doctor's advice and suggestions

咳嗽、嗓子疼、2天　　咳嗽、头疼、嗓子疼、1天　　发烧39度、1天

感冒、吃药、多喝水　　感冒、吃药、多休息　　感冒、打针(dǎ zhēn)、多休息 give an injection

医生：你哪儿不舒服？

病人：我……。

医生：你不舒服……了？

病人：有……天了。

医生：是……。先……吧。你还要……。

病人：好，谢谢！

Dì-qī Kè　Nǐ Nǎr Bù Shūfu?
第七课　你哪ᇌ不舒服?

实　践

一、角色扮演　Role-play

角色：A：山本　　B：大卫

任务：大卫脸色不好，一直咳嗽，山本询问原因

Role:　A：Yamamoto　　B: David

Task:　David is coughing and looks sick, Yamamoto asks the reason.

二、根据处方的内容，模拟马丁看病的情景
Simulate the scene that Martin sees a doctor according to the prescription

医院处方

姓名：马丁　　性别：男　　年龄：25

科别：内

临床诊断：肠炎（chángyán）　　enteritis

症状：头疼、肚子疼、发烧5天

建议：吃药、多喝水、多休息

3片/次
3次/天

三、你生病了，向经理请假，说明病情
You are sick, and ask the manager for leave, please describe the symptom

1．你的病情

2．请假时间

1. Your symptom

2. How long you will leave for absence.

询问病情的常用表达 Useful expressions for asking about symptom

1. 你脸色不好，怎么了？
2. 你是不是感冒／生病了？去医院看看吧。
3. 最近天气不好，你要注意身体。

看病常用表达 Useful expressions for seeing a doctor

1. 你哪儿不舒服？
2. 我头疼，嗓子也疼。
3. 有一点儿咳嗽。
4. 你不舒服多长时间了？
5. 有两天了。
6. 吃点儿药吧，每天三次，每次两片。
7. 你要多喝水，多休息。

第七课 你哪儿不舒服？
Dì-qī Kè Nǐ Nǎr Bù Shūfu?

你想学习更多吗？

将与图片对应的词语填写在空格处
Fill the following nouns in the right place

身体部位
Body part

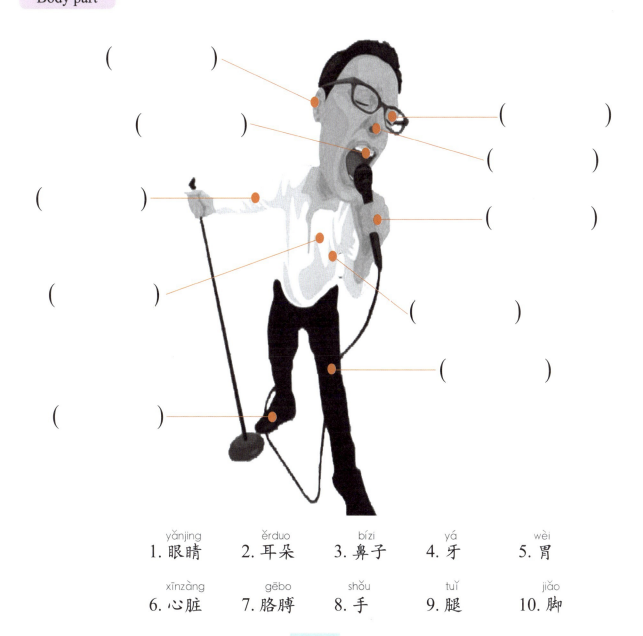

yǎnjing	ěrduo	bízi	yá	wèi
1. 眼睛	2. 耳朵	3. 鼻子	4. 牙	5. 胃

xīnzàng	gēbo	shǒu	tuǐ	jiǎo
6. 心脏	7. 胳膊	8. 手	9. 腿	10. 脚

91

将图片或解释与对应的词语连线
Connect the following pictures or explanations with suitable name

症 状 Symptom

　　　　　yá téng
　　　　　　　　　　　　牙疼

　　　　　lā dùzi
　　　　　　　　　　　　拉肚子

　　　　　tóu yūn
　　　　　　　　　　　　头晕

　　　　　wèi téng
　　　　　　　　　　　　胃疼

常见病 Common disease

yānyán
咽炎　　　　　　　　　fracture

wèiyán
胃炎　　　　　　　　　influenza

gǔzhé
骨折　　　　　　　　　gastritis

liúgǎn
流感　　　　　　　　　pneumonia

fèiyán
肺炎　　　　　　　　　pharyngitis

第七课　你哪儿不舒服？

小组活动　Group work

1. 生病时，你怎么办？What do you do when you are sick?

头晕时，我_____。
牙疼时，我_____。
胃疼时，我_____。
拉肚子时，我_____。

2. 你上次去医院是因为哪儿不舒服？医生给你哪些建议？
　　Why did you go to see a doctor last time? How did the doctor help you?

医院科室设置
Sections in Hospital

jí zhěn kē 急诊科	emergency department
nèi kē 内科	medicine department
wài kē 外科	surgical department
fù chǎn kē 妇产科	the obstetrics and gynecology department
ér kē 儿科	pediatrics department
yǎn kē 眼科	ophthalmology department
kǒu qiāng kē 口腔科	the department of stomatology

第八课 我想预订一个商务套房
Dì-bā Kè Wǒ Xiǎng Yùdìng Yí Ge Shāngwù Tàofáng

目标

① 交际功能
- 介绍姓名
- 预订房间

② 语言点
- 是……的
- 只要……就……

学一学

一、询问姓名 Asking about name

问	答
你姓什么？(xìng) 您贵姓？	我姓李。
	我姓山本。
	我姓张，弓长张。
你叫什么（名字）？ 您怎么称呼？(chēnghu)	我叫山本成子。
	我叫李明，明天的明。
	我叫金美中，美丽的美，中文的中。

二、是……的 shì……de

山本**是**坐飞机去**的**。

他**是**星期六感冒**的**。

这个面包我**是**在超市买**的**。

从北京到上海我**是**坐飞机去**的**。

三、只要……就…… zhǐyào……jiù……

你		努力，(nǔlì) make efforts			能成功。(chénggōng) succeed
你	只要	去，	我	就	去。
明天		不下雨，	我们		去爬山。

96

第八课　我想预订一个商务套房

Dì-bā Kè　Wǒ Xiǎng Yùdìng Yí Ge Shāngwù Tàofáng

	你	努力，			能成功。
只要	你	去，	我	就	去。
	明天	不下雨，	我们		去爬山。

练一练

一、把下面几个人介绍给你的朋友　Introduce these persons to your partner

　　王一林　　　　张明生　　　　中本乐　　　　李英惠

二、用"是……的"造句　Make sentences with "shì……de"

三月　　　　　我来北京。　　　　我是三月来北京的。

星期一　　　　我买衣服。　　　　_____

王乐　　　　　帮我取书。　　　　_____

坐地铁　　　　他去火车站。　　　_____

在三元饭店　　我们吃烤鸭。　　　_____

97

三、用"只要……就……"回答问题
Answer the following questions with "zhǐyào……jiù……"

1. 怎样可以身体健康?
2. 怎样可以学好汉语?
3. 怎样可以成功?
4. 怎样可以找到好工作?

学一学

一

词语准备 New words

1	致电	zhìdiàn	动	give a call
2	酒店	jiǔdiàn	名	hotel
3	预订	yùdìng	动	book, reserve
4	商务	shāngwù	名	business
5	套房	tàofáng	名	suite
6	时候	shíhou	名	moment, time
7	入住	rùzhù	动	check in
8	本	běn	代	this
9	离开	líkāi	动	leave

第八课　我想预订一个商务套房

对话 Dialogue

前台：您好，欢迎致电贵友酒店。

李明：你好。我想预订一个商务套房。

前台：请问什么时候入住？

李明：本周五，星期天中午前离开。

前台：好的，没问题。请问您怎么称呼？

李明：我叫李明，木子李，明天的明。

前台：李先生，您还有别的要求吗？

李明：没有了，谢谢！

二

词语准备 New words

10	退房	tuì fáng	动	check out
11	出示	chūshì	动	show
12	护照	hùzhào	名	passport
13	手续	shǒuxù	名	procedure
14	顺便	shùnbiàn	副	by the way
15	里	lǐ	名	inner
16	上网	shàng wǎng	动	surf on the internet
17	所有	suǒyǒu	形	all
18	密码	mìmǎ	名	password
19	输入	shūrù	动	input
20	房卡	fángkǎ	名	room card, room key

对话 Dialogue

马丁：你好！我已经预订了一个房间，是李明先生预订的。

前台：请稍等，我查一下。……李先生预订了一个商务套房，从星期五到星期天，对吗？

马丁：没错，我星期天上午退房。

第八课 我想预订一个商务套房

前台：请出示一下您的护照，我帮您办理入住手续。

马丁：好的。顺便问一下，房间里能上网吗？

前台：能，我们酒店的所有房间都有Wifi，这是密码，只要输入这个密码，就能上网。您的手续办好了，这是房卡，您住1221房间。

马丁：好的，谢谢！

练一练

一、预订房间　Reserve rooms

预订人	房间要求及数量	入住时间
王明	单人间（1）	23~26日
金元中	商务套房（1）	星期五～星期日
山本光	标准间（1）	3~7日

前台：您好，欢迎致电贵友酒店。
A：　你好。我想……。
前台：请问……什么时候……？
A：　……。
前台：好的，……。请问您……？
A：　我叫……。
前台：……，您还有别的……吗？
A：　没有了，……！

二、根据记录，模拟办理入住的情景
Simulate the scene of check-in according to the notes

1.

宾馆入住记录			
预订人	王明	预订房间	单人间
入住日期	5月23日	退房日期	5月26日下午
房间号	526	其他要求	wifi

102

第八课　我想预订一个商务套房

2.

宾馆入住记录

预订人	金元中	预订房间	商务套间
入住日期	星期五	退房日期	星期日
房间号	1218	其他要求	wifi、国际长途 (guójì chángtú) international direct dial

3.

宾馆入住记录

预订人	山本光	预订房间	标准间
入住日期	8月3日	退房日期	8月7日晚
房间号	305	其他要求	国际长途

A: 你好！我已经预定了……，是……帮我预订的。

B: 请稍等，我查一下。……预订了一个……，从……到……，对吗？

A: 没错，我……退房。

B: 请出示……，我帮您办理……。

A: 好的。顺便……，……？

B: 能，我们酒店的所有房间……。您的手续……了，这是……，您住……房间。

A: 好的，谢谢！

一、角色扮演 Role-play

角色：A: 游客　B: 华中饭店前台服务员

任务：A预订一个房间，B完成客房预订单

Role: A: Tourist　B: Receptionist of Huazhong Hotel

Task: A reserves a room, and B completes the reservation list

华中饭店客房预订单			
客房类型		预订数量	
入住日期		退房日期	
预订人姓名		其他要求	

二、你和朋友在网上预订了两个单人间，请根据预订单的内容，在前台办理入住手续

Your friend and you reserve two single rooms on the internet, please check in at the front desk according to the reservation list

友谊宾馆 预订单			
入住日期	2017－9－25	离店日期	2017－9－29
房间类型	标准间	预订间数	2
联系人	李小龙	其他要求	房间能上网

第八课　我想预订一个商务套房

三、你是经理秘书小王，请根据电子邮件内容，完成工作
You are a secretary, Xiao Wang, please complete the work accoring to the E-mail

发件人：liming@gmail.com
收件人：secretary@yahoo.com
主题：预订房间

王秘书：
　　东方公司经理马可先生将于6日到10日来我们公司访问，请帮他在新世界酒店预订一个商务套房。另外，他不会说汉语，所以请你6日帮他办理入住手续。

李明
12月1日

介绍姓名常用表达　Useful expressions for introducing the name

1. 请问您怎么称呼？
2. 我叫李明，木子李，明天的明。

预订客房常用表达　Useful expressions for reserving rooms

1. 我想预订一个商务套房。
2. 请问什么时候入住？
3. 本周五，星期天中午前离开。

办理入住常用表达 Useful expressions for check-in

1. 你好！我已经预定了一个房间，是李明先生预订的。
2. 我星期天上午退房。
3. 请出示您的护照，我帮您办理入住手续。
4. 房间里能上网吗？
5. 能，我们酒店的所有房间都有Wifi。
6. 您的手续办好了，这是房卡，您住1221房间。

你想学习更多吗？

查查下列词语是什么意思 What do the following words mean?

1. 客房服务 Room service

jiàoxǐng fúwù 叫醒 服务	
sòng cān fúwù 送餐 服务	
xǐ yī fúwù 洗衣 服务	
piàowù fúwù 票务 服务	
wàibì duìhuàn fúwù 外币 兑换 服务	
xíngli cúnfàng fúwù 行李 存放 服务	

2. 宾馆等级 Hotel standard

wǔxīngjí　háohuá 五星级/豪华	
sìxīngjí　gāodǎng 四星级/高档	
sānxīngjí　shūshì 三星级/舒适	
èrxīng jí yǐxià　jīngjì 二星及以下/经济	

小组活动 Group work

1. 角色扮演 Role-play

角色： A: 旅行社导游　　B: 前台服务员

Role:　　A: Tour guide　　　B: Receptionist

任务：一个10人的欧洲旅游团要来中国游览一个星期

Task: A European tour group of 10 people will visit your city for one week. A should reserve the rooms for them and help them check in.

(1) A 为他们预订房间

(2) A 帮助他们办理入住手续

收件人：国际旅行社 China Travel Service	发件人：
传　真：010-12345678	页　数：1页
电　话：010-23456789	日　期：3月12日
主　题：接待欧洲旅游团 European Tour Group	签　发：

　　　　□紧急　　□请审阅　　□请批注　　□请答复　　□请传阅

欧洲旅游团情况

　　团员人数：10人（3男，7女）

　　到达时间：3月12日

　　宾馆要求：四星级、单人间

　　　　　　　外币兑换服务、行李存放服务

2. 你旅行时会选择什么样的宾馆？你需要宾馆的哪些服务？
What kind of hotel will you choose in your trip? What room service do you need?

某饭店网上预订单
Hotel Online Reservation Form

入住日期 ▢ ▼　　离店日期 ▢ ▼　共 ▢ ▼ 晚

按国际惯例，宾馆的入住时间为14:00，离店时间为正午12:00。如提前入住或推迟离店，均须酌情加收一定的费用。

提示：提供早餐58元/位

总计金额 ▢ ▼ RMB

最早到店时间 ▢ ▼　　最晚到店时间 ▢ ▼

支付方式 ▢ ▼　　预订间数 ▢ ▼

入住人姓名 ▢　　*请输入入住人姓名

输入入住人姓名（请务必保证提供姓名与入住时所持证件上完全相同）

联系人 ▢　　*请输入联系人

手机号码 ▢　　固定电话 ▢ ▼

传真号码 ▢　　电子邮箱 ▢ ▼

确认通知的接受方式：▢ ▼

为确保订单的准确、反馈的及时，请务必选择确认方式！

补充说明 ▢ ▼

您的需求我们将尽量为您安排。（最多20字符）

第九课
Dì-jiǔ Kè

美元对人民币的汇率是多少？
Měiyuán duì Rénmínbì de Huìlǜ Shì Duōshǎo?

目标

① 交际功能
- 货币兑换
- 咨询业务

② 语言点
- 汇率的表示
- 除了……（以外），还……

新丝路——初级商务汉语综合教程 Ⅱ

学一学

一、汇率的表达 Express exchange rate

问	答
měiyuán rénmínbì huìlǜ 美元对人民币的汇率是多少？ dollar RMB rate of exchange	美元对人民币的汇率是1∶6.78。
美元的汇率是多少？	汇率是1美元对6.78人民币。
bǐjià 美元和人民币的比价是多少？ price relations	比价是1∶6.78。

二、除了……（以外），还…… chúle……（yǐwài），hái……

	除了		(以外) ，		还	
他		北京				去过上海。
你		大衣				需要什么？
		汉语		马丁		会说日语。
		游泳		我		喜欢跑步。

110

第九课 美元对人民币的汇率是多少？

Dì-jiǔ Kè Měiyuán duì Rénmínbì de Huìlǜ Shì Duōshǎo?

练一练

一、完成对话 Complete the following dialogues

日期：2017/07/18　　单位：人民币／100外币

货币名称	汇率
英镑（GBP）	887.50
欧元（EUR）	779.36
日元（JPY）	6.03

问	答
英镑对人民币的汇率是多少？	
	汇率是1欧元对7.79人民币。
日元和人民币的比价是多少？	

二、用"除了……还……"造句　Make sentences with "chúle …… hái ……"

1.

2.

3.

4.

学一学

词语准备 New words

1	柜员	guìyuán	名	bank teller
2	换	huàn	动	change
3	对	duì	介	versus
4	汇率	huìlǜ	名	exchange rate
5	填	tián	动	fill in
6	兑换	duìhuàn	动	exchange
7	单（子）	dān(zi)	名	form, list
8	点	diǎn	动	count

第九课 美元对人民币的汇率是多少？
Dì-jiǔ Kè Měiyuán duì Rénmínbì de Huìlǜ Shì Duōshǎo?

对话 Dialogue

（在银行）

柜员：您好！请问您要办理什么业务？

安娜：我想换钱。美元对人民币的汇率是多少？

柜员：今天的汇率是1美元对6.78人民币。您要换多少？

安娜：1000美元。

柜员：好的。请您出示一下护照。另外，还要填一张兑换单。

安娜：给你护照。单子这样填，行吗？

柜员：没问题。这是6780元，您点一下儿。

安娜：谢谢！

二

词语准备 New words

9	咨询	zīxún	动	consult
10	银行卡	yínhángkǎ	名	bank card
11	需要	xūyào	动	need
12	拿	ná	动	take
13	着	zhe	助	particle
14	申请	shēnqǐng	动	apply
15	开通	kāitōng	动	open
16	网上	wǎngshàng	名	online
17	手机	shǒujī	名	mobile phone
18	存款	cún kuǎn	动	deposit money
19	取款	qǔ kuǎn	动	withdraw money
20	汇款	huì kuǎn	动	remit money
21	支付	zhīfù	动	pay

对话 Dialogue

（在银行）

大卫：您好！我想咨询一下，办理银行卡需要什么手续？

服务员：拿着您的护照，填一张申请表就可以了。

大卫：好的，这是我的护照和申请表。

第九课 美元对人民币的汇率是多少？

服务员：先生，您还可以开通网上银行和手机银行业务。除了在ATM机上存款、取款，还可以网上汇款、网上购物、手机支付。

大卫：那太方便了，帮我办理吧。

练一练

一、兑换人民币 Change money into RMB

单位：人民币/100外币

货币	汇率
英镑	887.50
欧元	779.36
日元	6.03

1. 1,000英镑   2. 100欧元   3. 10,000日元

A: 您好！请问您要……？

B: 我想换钱。……对人民币的汇率是多少？

A: 今天的汇率是……。您要换多少？

B: ……。

A: 好的。请您出示一下……。另外，还要……。

B: 给你……。……，行吗？

A: 没问题。这是……元，您点一下儿。

B: 谢谢！

二、根据课文二的内容，向朋友介绍如何办理银行卡
Introduce the procedure of applying for debit cards to your partner according to text 2

今天我去银行咨询办理银行卡的手续。服务员告诉我，办理银行卡很简单。只要拿着……，填一张……就可以了。另外，还可以开通……和……业务。这样，除了在ATM机上……、……，还可以……、……、……。真是太方便了。

第九课　美元对人民币的汇率是多少？
Dì- jiǔ Kè　Měiyuán duì Rénmínbì de Huìlǜ Shì Duōshǎo?

实 践

一、调查汇率　Investigate the exchange rates

	美元USD	英镑GBP	欧元EUR	人民币CNY	日元JPY
🇺🇸	1				
🇬🇧		1			
🇪🇺			1		
🇨🇳				1	
🇯🇵					1

二、填写外汇兑换水单，并办理兑换业务
Fill in the exchange memo, and exchange money into RMB

中国银行 BANK OF CHINA

外 汇 兑 换 水 单
EXCHANGE MEMO

国　　籍 Nationality _____	护照/身份证件号码 Passport No. _____		日期 Date _____
姓名及签字 Name & Signature _____		住址/饭店 Address/Hotel	
外币币别及金额 Amount in Foreign Currency	汇率 Rate		实付人民币金额 Net Amount in ¥ yuan

请妥善保存，在六个月内出境时可凭本人护照和此水单兑回外汇。
　Please keep this carefully. Part of unused ¥ yuan can be reconverted into foreign currency according to your passport and the EXCHANGE MEMO when holder leaves china within six months.

A: 您好！请问……？

B: 我想……。……对……的汇率是多少？

A: ……。您要换多少？

B: ……。

A: 好的。请您出示……。另外，……。

B: 给你……。……，行吗？

A: ……。这是……元，您点一下儿。

B: 谢谢！

三、去银行咨询如何办理信用卡，并介绍给朋友
Please consult the bank about how to apply for credit cards, and introduce it to your partner

手续	
功能	

货币兑换常用表达 Useful expressions for exchanging currencies

1. 我想换钱。美元对人民币的汇率是多少？

2. 今天的汇率是1美元对6.78人民币。

3. 您要换多少？

4. 1000美元。

5. 请您出示一下您的护照。另外，还要填一张兑换单。

第九课 美元对人民币的汇率是多少？
Dì-jiǔ Kè Měiyuán duì Rénmínbì de Huìlǜ Shì Duōshǎo?

咨询银行卡办理的常用表达
Useful expressions for consulting to apply for bank cards

1. 您好！我想咨询一下，办理银行卡需要哪些手续？
2. 拿着您的护照，填一张申请表就可以了。
3. 您还可以开通网上银行和手机银行业务。
4. 除了在ATM机上存款、取款，还可以网上汇款、网上购物、手机支付。
5. 帮我办理吧。

你想学习更多吗？

将下面的词语与英文释义连线
Connect the following name with the suitable interpretation

1. 金融服务 financial services

dài kuǎn 贷 款	transfer accounts
lǐ cái 理 财	credit card
zhuǎn zhàng 转 账	loan
jièjìkǎ 借记卡	manage money
xìnyòngkǎ 信用卡	debit card

2. 理财产品 financial products

guì jīnshǔ 贵金属	bond
zhàiquàn 债 券	insurance
jījīn 基 金	trust
bǎoxiǎn 保 险	fund
xìntuō 信 托	precious metals
wàihuì 外 汇	foreign exchange

119

小组活动 Group work

1. 成段表达 Speech

   在你的国家，人们一般为了什么贷款？
   Why do people loan from bank in your country?

2. 调查如何办理汇款，并完成下列任务
   Investigate how to remit money, and then complete the following tasks

   （1）给在国内的弟弟汇款10000元
   Remit 10000 yuan to your brother in your country

   （2）给国外的朋友汇款6000元
   Remit 6000 yuan to your friend abroad

附录

人民币贷款利率
(RMB Lending Rates)

2015—10—24

zhǒnglèi xiàngmù 种 类 项 目	nián lìlǜ 年 利率 (%)
liù ge yuè hán 六个月（含）	4.35
liù ge yuè zhì yì nián hán 六个月至一年（含）	4.35
yī zhì sān nián hán 一至三年（含）	4.75
sān zhì wǔ nián hán 三至五年（含）	4.75
wǔ nián yǐ shàng 五年以上	4.90

第十课
我们可以免费维修

目标

① 交际功能
报修电器

② 语法项目
动词重叠
在……（以）内

学一学

一、动词重叠 Reduplication of verbs

举例	说明
这是5000块钱，您点点。	表示尝试，动作短暂。 To indicate that the action is brief or trying to do sth.
你等等我，我马上来。	
感冒了，你应该在家休息休息。	
你看看这本书，很有意思。	

二、在……（以）内 zài …… (yǐ) nèi

图	例句
	我一定在三天以内完成(wánchéng)这个工作。finish
	这个遥控器(yáokòngqì)在10米以内都能用。remote control
	这个书包要是在100块以内，就好了。

第十课 我们可以免费维修

练一练

一、连线，并完成句子
Connect the suitable words together, and then make sentences

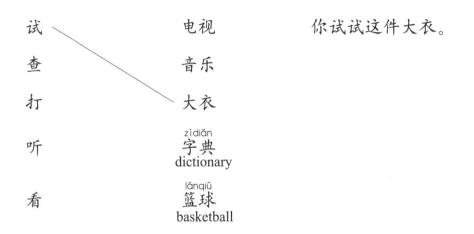

你试试这件大衣。

二、用"在……内"回答问题
Answer the following questions with "zài……nèi"

1.
这些书你什么时候能看完？

2.
你想买多少钱的电脑？

3.

姚明有多高？

4.

图书馆

我可以借几本书？
jiè
borrow

会话

学一学

一

词语准备 New words

1	正常	zhèngcháng	形	normal，regular
2	开机	kāi jī	动	start up
3	维修	wéixiū	动	repair

124

第十课 我们可以免费维修

4	人员	rényuán	名	personnel
5	保修期	bǎoxiūqī	名	warranty period
6	如果	rúguǒ	连	if
7	电池	diànchí	名	battery
8	坏	huài	形	broken
9	收取	shōuqǔ	动	collect, gather
10	费用	fèiyòng	名	cost, expense
11	因为	yīnwèi	连	because
12	范围	fànwéi	名	scope, range, limit

对话 Dialogue

大卫：您好，我的手机不能正常开机，您能帮我看看吗？

维修人员：您是什么时候买的？

大卫：去年6月，这是小票。买了还不到一年呢。

维修人员：您的手机还在保修期内，我们可以免费维修。但如果是电池坏了，我们就要收取费用，因为电池不在保修范围内。

大　卫：好吧。什么时候能修好？

维修人员：大概三天左右。您留个电话，修好后
　　　　　我马上通知您。

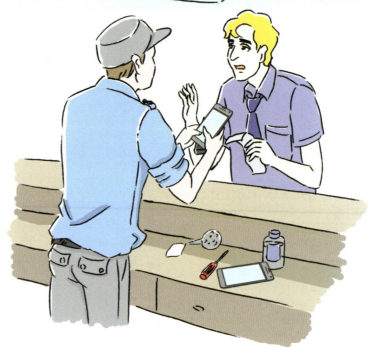

二

词语准备 New words

13	空调	kōngtiáo	名	air condition
14	部	bù	名	section, department
15	上门	shàng mén	动	drop in
16	启动	qǐdòng	动	start
17	声音	shēngyīn	名	sound
18	特别	tèbié	副	especially
19	回	huí	量	measure word
20	地址	dìzhǐ	名	address
21	记	jì	动	write down
22	派	pài	动	send

第十课　我们可以免费维修

对话 Dialogue

维修人员：你好，海尔空调维修部。

王　乐：你好，我们办公室的空调坏了，你们能上门维修吗？

维修人员：可以。空调有什么问题？

王　乐：启动的声音特别大，不知道是怎么回事。

维修人员：好，请告诉我您公司的地址和电话，我记一下。

王　乐：新华大厦201室，电话是61908872。您今天下午能过来吗？

维修人员：我看看……行，我派人下午三点过去。

王　乐：好的，下午见。

练一练

一、下列产品在保修期内不能正常开机，你怎么办？
What will you do if you can not start up the following products which are under warranty?

A: 您好，我的……，您能……吗？

B: 您是什么时候买的？

A: ……，这是小票。买了还……呢。

B: 您的……还在保修期内，我们……。但如果……，我们要……。

A: 好吧。我……？

B: 大概……。您留个……，……后我马上……。

二、根据预约记录，模拟报修时的情景
Simulate the scene of calling for repairing according to the repair notes

		华为维修部		
	问 题	地 址	电 话	上门时间
1	空调不能正常启动	方元小区9号楼1805 xiǎoqū / residential quarter	27150808	星期二上午九点
2	复印机启动声音大 fùyìnjī / duplicator	新华大厦507	82135569	星期三下午两点
3	电脑不能开机	山东路690号	69739703	星期四上午十点

A: 你好，……。

B: 你好，……坏了，你们能……吗？

A: 可以。……有什么问题？

B: ……，不知道是怎么回事。

A: 好，请告诉我……，我记一下。

B: ……，电话是……。您……能过来吗？

A: 我看看……，行，我派人……过去。

B: 好的，……见。

一、角色扮演 Role-play

角色：A：安娜　B：维修人员

Role:　A: Anna　B: Repairman

任务：安娜 3 个月前买的笔记本电脑不能正常开机了，维修人员如何接待？

Task: Anna's lap-top, which has just been bought for three months, cannot start up, how does the repairman deal with this matter?

A	B
您好，……，您能……吗？	您是……买的？
……，这是小票。……呢。	您的……还在……内，我们……。但如果……，……。
好吧。我……？	……左右。……，……后我马上……。

二、你家的冰箱启动声音特别大，请给附近的维修部打电话，请他们上门维修

Your refrigerator makes a big noise when it starts up, please call for the maintenance department to send someone to repair it

> A: 你好，……。
> B: 你好，……坏了，你们能……吗?
> ……

三、办公室的打印机坏了，请给维修部电话留言，说明以下问题

The printer in your office does not work. Please leave a message for the maintenance department

> 1. 打印机有什么问题
> 2. 办公室的地址和电话
> 3. 上门维修的时间

1. The problem of the printer
2. The address and telephone number of your office
3. The time you want the repairman to come

你好，我们办公室的……坏了，……，不知道是怎么回事。你们能……吗？我的公司在……，电话是……。请你们……来修理，好吗？

第十课　我们可以免费维修

维修常用表达　Useful expressions for repairing

1. 我的手机/……不能正常开机,您能帮我看看吗?
2. 您是什么时候买的?
3. 去年6月/……,这是小票。买了还不到一年/……呢。
4. 您的手机/……还在保修期内,我们可以免费维修。
5. 如果是电池坏了,我们要收取费用,因为电池不在保修范围内。
6. 什么时候能修好?
7. 大概三天/……左右。

联系上门维修的常用表达
Useful expressions for asking for the on-site maintenance services

1. 你好,我的空调/……坏了,你们能上门维修吗?
2. 可以。请告诉我您公司的地址和电话,我记一下。
3. 您今天下午/……能过来吗?
4. 行,我派人下午三点/……过去。

你想学习更多吗？

将下面的图片与对应的词语连线
Connect the following pictures with the suitable name

zhàoxiàngjī
照相机

dǎyìnjī
打印机

tóuyǐngyí
投影仪

fùyìnjī
复印机

shèxiàngjī
摄像机

yīnxiǎng
音响

chuánzhēnjī
传真机

第十课　我们可以免费维修

查查下列词语是什么意思 What do the following words mean?

zá yīn 杂音	
shī zhēn 失真	
biànxíng 变形	
shǎn 闪	
sǐ jī 死机	
hēi píng 黑屏	

小组活动 Group work

1. 成段表达　Speech

   你的手机、电脑、照相机或iPad出现过哪些问题，你怎么解决？

   Did you have any problem with your cell phone, computer, camera or iPad? How do you solve it?

2. 你公司的复印机有点儿问题，请给修理部打电话，说明以下问题

   （1）复印机的问题

   （2）你公司的地址和电话

   （3）上门维修的时间

   There are some problems with the copier of your company, please call the maintenance department:

   1. the problem of the copier of your company

   2. the address and telephone number of your company

   3. the time you want the repairman to come

附 录

部分家电品牌
Brands of Some Electrical Appliances

APPLE	苹果	Píngguǒ
Changhong	长虹	Chánghóng
DELL	戴尔	Dài'ěr
GREE	格力	Gélì
HAIER	海尔	Hǎi'ěr
Hisense	海信	Hǎixìn
HITACHI	日立	Rìlì
HUAWEI	华为	Huáwéi
Lenovo	联想	Liánxiǎng
Midea	美的	Měidì
Panasonic	松下	Sōngxià
PHILIPS	飞利浦	Fēilìpǔ
SAMSUNG	三星	Sānxīng
SHARP	夏普	Xiàpǔ
Siemens	西门子	Xīménzǐ
SONY	索尼	Suǒní
TOSHIBA	东芝	Dōngzhī

第十一课
我们会尽快通知你面试结果

① 交际功能
- 招聘面试
- 初次问候

② 语言点
- 疑问词"为什么"
- 因为……所以……

学一学

一、询问原因 Asking the reason

问	答
……＋为什么（wèi shénme）＋……？ why	因为……，……。 ……，因为……。 因为……，所以（suǒyǐ）……。

你为什么休息了一天？	因为身体不好，我休息了一天。 我休息了一天，因为身体不好。 因为身体不好，所以我休息了一天。
维修电池为什么要收取费用？	因为电池不在保修范围内，维修电池要收取费用。 维修电池要收取费用，因为电池不在保修范围内。 因为电池不在保修范围内，所以维修电池要收取费用。

136

第十一课　我们会尽快通知你面试结果

二、初次见面 First meeting

问　候	应　答	说　明
你好。	你好。	常用
见到你很高兴。(gāoxìng glad, happy) 认识你很高兴。(rènshi know)	见到你我也很高兴。 认识你我也很高兴。 请多多指教。(zhǐjiào give advice) 请多多关照。(guānzhào look after)	比较正式的场合

练一练

一、选择合适的A、B，连成一句话

Combine the following phrases into sentences

A
手机坏了
我办了一张银行卡
我淋雨了
我不能和你吃饭了

B
我感冒了。
我没给你打电话
我突然有事。
银行卡很方便

因为手机坏了，所以我没给你打电话。

137

二、回答问题 Answer the following questions

1. 你为什么学习汉语？

2. 你为什么不喜欢爬山？

3. 你为什么昨天没来？

4. 他为什么不高兴了？

三、完成对话 Complete the following dialogues

1.

2.

3.

4.

第十一课　我们会尽快通知你面试结果

会话

学一学

一

词语准备 New words

1	面试官	miànshìguān	名	interviewer
2	自我	zìwǒ	代	oneself
3	介绍	jièshào	动	introduce
4	经贸	jīngmào		business and economics
5	大学	dàxué	名	university, college
6	毕业	bìyè	动	graduate
7	国际	guójì	名	international
8	曾经	céngjīng	副	once
9	销售	xiāoshòu	动	sell, market
10	应聘	yìngpìn	动	apply for a job
11	职位	zhíwèi	名	position
12	经验	jīngyàn	名	experience
13	适合	shìhé	动	fit, suit
14	尽快	jǐnkuài	副	as soon as possible
15	面试	miànshì	动	interview
16	结果	jiéguǒ	名	result

对话 Dialogue

面试官： 请你先自我介绍一下。

李小明： 我叫李小明，2015年从经贸大学毕业，专业是国际贸易。毕业后，我曾经在大华公司做过两年销售工作。

面试官： 你为什么应聘销售部经理这个职位？

李小明： 因为我有很多销售经验，我想贵公司的这个职位很适合我，我一定能做好。

面试官： 好的，我们会尽快通知你面试结果。

李小明： 谢谢。

第十一课　我们会尽快通知你面试结果

二

词语准备 New words

17	以前	yǐqián	名	before
18	上班	shàng bān	动	go to work
19	人力资源	rénlì zīyuán		human resource
20	加入	jiārù	动	join
21	问题	wèntí	名	problem

对话 Dialogue

王乐：你是新来的吧？以前没见过你。

李小明：对，我今天第一天上班。

王乐：你好，我叫王乐，是人力资源部的。

李小明：你好，我是李小明，在销售部工作。

王乐：认识你很高兴，欢迎加入我们公司。

李小明：谢谢。以后还请多多关照。

王　乐：没问题。如果你有什么需要帮忙的，可以来找我。

李小明：非常感谢。

练一练

一、面试如何进行？　How will the interview be conducted?

	应聘者 Applicant	应聘意向 Job Objective	基本情况 Personal Experience
1	高朋	销售员	长安大学经济专业毕业
2	李天	销售部经理	经贸大学国际贸易专业毕业，五年工作经验
3	张文	经理秘书	东方大学中文专业毕业

A：请你先自我介绍一下。

B：……。

A：你为什么应聘……这个职位？

B：……。

A：好的，我们会尽快通知你面试结果。

B：……。

第十一课　我们会尽快通知你面试结果

二、李天第一天上班，你怎么和他打招呼？
How do you greet Li Tian on his first day at work?

A：你是……吧？以前……。
Li：对，我今天……。
A：你好，我叫……，是……。
Li：你好，我是……，在……工作。
A：……，欢迎……。
Li：谢谢，……。
A：没问题。如果……。
Li：……。

实　践

一、大华公司要招聘一名人力资源部经理，王小文应该如何应聘？
Dahua Company is looking for a manager of the HR department, how do Wang Xiaowen apply for this position?

应聘简历

姓　　名	王小文	性　　别	女
毕业学校	中南大学	专　　业	人力资源
工作经历	在AK公司人力资源部工作1年。		

二、你是中新公司销售部经理，在公司举办的新年酒会上，请和客人们互相认识一下

You are a Sales Manager of Zhongxin Company. Please make acquainted with the following guests at the Spring Reception

张 元 销售部 经理 **东方公司** 地　址：东方路131号 电　话：86665166 E-mail：zhangyuan@yahoo.com	**大 华 公 司** 地　址：安华大厦706室 电　话：62857341 E-mail：david@gmail.com 李 明 总 经 理

参考语句：

A：您好，我是……，在……工作。

B：您好，我是……，在……工作。

A：认识您很高兴。我的公司在……，电话是……，E-mail地址是……。以后还请多多关照。

B：认识您很高兴。我的公司在……，电话是……，E-mail地址是……如果你有什么需要帮忙的，可以给我打电话。

三、角色扮演　Role-play

美国东元公司公布招聘信息后，有应聘者前来面试。

Applicants were invited to the interview after the DongYuan Company announced its recruitment information.

角色：A: 应聘者　　B: 面试官
Role:　A: applicant　　B: interviewer

任务：招聘面试
Task:　A job interview

招　聘

本公司招聘中国市场部经理，要求：
（shìchǎng / marketing）

1.大学毕业

2.有3年工作经验

美国东元公司

第十一课　我们会尽快通知你面试结果

面试常用表达 Useful expressions for interview

1. 请你先自我介绍一下。
2. 我叫李小明，2015年从经贸大学毕业，专业是国际贸易。毕业后，我曾经在大华公司做过两年销售工作。
3. 你为什么应聘销售部经理这个职位？
4. 因为我有很多销售经验，我想贵公司的这个职位很适合我，我一定能做好。
5. 我们会尽快通知你面试结果。

初次见面的常用表达 Useful expressions for first meeting

1. 你好，我叫王乐，是人力资源部的。
2. 你好，我是李小明，在销售部工作。
3. 认识你很高兴，欢迎加入我们公司。
4. 请多多关照。
5. 如果你有什么需要帮忙的，可以来找我。

你想学习更多吗？

查字典，查查下列部门的意思
What do the following words mean?

jìshù bù 技术部	
yánfā bù 研发部	
cáiwù bù 财务部	
shēngchǎn bù 生产部	
qǐhuà bù 企划部	
gōngchéng bù 工程部	
kèhù fúwù bù 客户服务部	

小组活动 Group work

1. 你参加过面试吗？面试官常常问什么样的问题？和你的朋友列出来，并讨论如何回答这些问题。

   Have you ever participated in an interview? What questions does the interviewer often ask? Please list them with your partner, and discuss how to answer them.

   例如：

   请介绍一下你自己。

   你有什么特长和爱好？

   你为什么选择我们公司？

   你为什么要应聘这个职位？

第十一课　我们会尽快通知你面试结果

2. 调查一个中国公司的部门设置情况，至少写出五个部门的名称。

   Investigate the departments of one Chinese company, and write down at least five names.

   公司名称：_____

   部门情况：

   1. _____
   2. _____
   3. _____
   4. _____
   5. _____

公司部分职位

Company Positions

Marketing and Sales 市场与销售 (shìchǎng yǔ xiāoshòu)

Sales Manager 销售经理 (xiāoshòu jīnglǐ)

Merchandising Manager 采购经理 (cǎigòu jīnglǐ)

Marketing Consultant 市场顾问 (shìchǎng gùwèn)

Manufacturer's Representative 厂家代表 (chǎngjiā dàibiǎo)

Customer Manager 客户经理 (kèhù jīnglǐ)

Advertising Manager 广告经理 (guǎnggào jīnglǐ)

Product Developer 产品开发 (chǎnpǐn kāifā)

Marketing Manager 市场经理 (shìchǎng jīnglǐ)

Human Resources 人力资源 (rénlì zīyuán)

Director of Human Resources 人力资源总监 (rénlì zīyuán zǒngjiān)

Human Resources Assistant 人事助理 (rénshì zhùlǐ)

Compensation Manager 薪酬经理 (xīnchóu jīnglǐ)

Employment Consultant 招募顾问 (zhāomù gùwèn)

Facility Manager 后勤经理 (hòuqín jīnglǐ)

Job Placement Officer 人员配置专员 (rényuán pèizhì zhuānyuán)

Recruiter 招聘人员 (zhāopìn rényuán)

Training Specialist 培训专员 (péixùn zhuānyuán)

Executive and Management 管理 (guǎnlǐ)

Chief Executive Officer(CEO) 首席执行官 (shǒuxí zhíxíngguān)

Director of Operations 运营总监 (yùnyíng zǒngjiān)

Vice-President 副总裁 (fù zǒngcái)

Department Manager 部门经理 (bùmén jīnglǐ)

Project Manager 项目经理 (xiàngmù jīnglǐ)

Regional Manager 区域经理 (qūyù jīnglǐ)

Chief Operations Officer(COO) 首席运营官 (shǒuxí yùnyíngguān)

General Manager 总经理 (zǒng jīnglǐ)

第十二课
Dì-shí'èr Kè

买一张16号去南京的车票
Mǎi Yì Zhāng Shíliù Hào Qù Nánjīng de Chēpiào

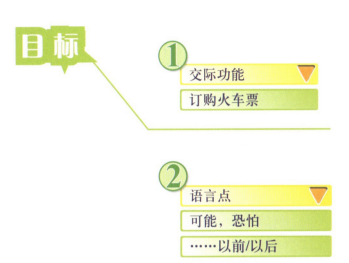

目标

1. 交际功能
   订购火车票

2. 语言点
   可能，恐怕
   ……以前/以后

学一学

一、估计 Estimate

常用表达	举 例
大概	从北京到上海坐飞机大概2个小时。
	这几本书大概100块钱。
kěnéng 可能 probably, maybe	他可能不知道你来了。
	明天也许会(huì, will)下雨。
kǒngpà 恐怕 perhaps, maybe	现在已经12点了，他恐怕不会来了。
	他脸色不好，恐怕生病(shēng bìng, fall ill)了。

二、……以前/以后 ……yǐqián/yǐhòu

……以前	上大学以前，我学过汉语。
	我今天早上六点以前就去爬山了。
	我20岁以前，没有出过国。
……以后	下班以后，我们一起吃饭吧。
	每天下午五点以后，我都去游泳。
	他30岁以后才打算找工作。

第十二课　买一张 16 号去南京的车票

练一练

一、用指定词语回答问题
Answer the following questions with the given words

1. A：现在几点了？　　　　B：_____。（大概）
2. A：明天的天气怎么样？　B：_____。（可能）
3. A：她为什么没来上班？　B：_____。（恐怕）
4. A：你打算找什么工作？　B：_____。（可能）

二、完成句子　Complete the following sentences

1. 上大学以前，我_____。
2. 大学毕业以后，_____。
3. 60岁以后，_____。
4. 下午5点以前，_____。

学一学

一

词语准备 New words

1	南京	Nánjīng	名	Nanjing
2	车票	chēpiào	名	train ticket
3	出发	chūfā	动	start off
4	会	huì	名	meeting
5	早	zǎo	形	early
6	来不及	láibují		there's not enough time (to do sth.)
7	哦	ò	拟声	expressing realization and understanding
8	高铁	gāotiě	名	high-speed train
9	慢	màn	形	slow
10	浪费	làngfèi	动	waste

对话 Dialogue

马丁：王乐，请帮我买一张下周一去南京的车票吧。

王乐：好，你打算什么时候出发？

马丁：晚上6点以后吧，我下周一下午3点有个会，

第十二课　买一张16号去南京的车票

太早了恐怕来不及。

王乐：行，你还有别的要求吗？

马丁：哦，高铁吧，我不喜欢坐慢车，太浪费时间了。

王乐：好的，没问题。

词语准备 New words

11	发车	fā chē	动	depart
12	全程	quánchéng	名	the whole journey
13	到达	dàodá	动	arrive
14	一等座	yīděngzuò		first-class seat
15	重复	chóngfù	动	repeat
16	遍	biàn	量	time
17	出票	chū piào	动	issue (ticket)
18	加上	jiāshang	动	add to
19	费	fèi	名	fee, expense

对话 Dialogue

王 乐：你好！我买一张16号去南京的高铁车票。

售票员：您要几点的？

王 乐：下午6点以后发车的。

售票员：G203行吗？下午6点28分发车。

王 乐：全程需要多长时间？

售票员：4个小时左右，晚上10点43分到达。

王 乐：行，我要一张一等座。这是护照。

售票员：好，我重复一遍：16号G203次到南京的一等座一张。没问题的话就出票了。

王 乐：没问题，多少钱？

售票员：748块5，加上5块钱手续费，一共是753块5。

第十二课　买一张 16 号去南京的车票

练一练

一、在北京宾馆订票中心，客人如何订票？ How does the guest book a train ticket in the Reservation Center of Beijing Hotel?

A：你好，请帮我订……的车票。
B：好，您打算……出发？
A：……吧。
B：行，您还有……吗？
A：哦，……。
B：好的，……。

16号下午，去上海，高铁。

星期五晚上，去南京，高铁。

二、根据列车时刻表，为上述客人购买火车票
Please book the tickets for the above guests according to the railway timetable

车次	出发——到达	发车时间——到达时间	全程时间	票价（元）
G17	北京南——上海虹桥	15:00——19:56	4小时56分	一等座：933 二等座：553
G205	北京南——南京南	20:00——23:53	3小时53分	一等座：748.5 二等座：443.5
D655	北京西——西安北	09:43——15:31	5小时48分	一等座：824.5 二等座：515.5

A：你好！我买……去……的车票。

B：您要几点的？

A：……。

B：……行吗？……发车。

A：全程需要……？

B：……左右，……到。

A：行，我要……。这是……。

B：好，我重复一遍：……号……次到……的……。
没有问题的话就出票了。

A：没问题。多少钱？

B：……元。

第十二课　买一张16号去南京的车票

Dì-shí'èr Kè　Mǎi Yì Zhāng Shíliù Hào Qù Nánjīng de Chēpiào

实　践

一、角色扮演　Role-play

角色：A：会议代表　　　　　　B：秘书张平

Role：A：A representative to a conference　B：Secretary Zhang Ping

任务：A根据日程，请秘书帮忙订票，向他说明出发时间、目的地和其他要求。

Task：A asks B to help him book tickets according to the schedule, and tells him the departure time, destination and other requirements.

通　知

本届展览会将于5月9日17:00结束。如需帮助订票，请与会议秘书张平联系。

广州服装展览会

Notice

The exhibition will be over at 17:00 on May 9. If you need help to book tickets, please contact with the secretary Zhang Ping.

Guangzhou Clothing Exhibition

二、你要从上海到北京出差,请根据列车时刻表,选择合适的车次,并和朋友模拟购票时的情景

You will take a business trip from Shanghai to Beijing. Please choose the suitable train according to the railway timetable, and simulate the scene of getting a ticket

车次	出发——到达	发车时间——到达时间	全程时间	票价(元)
G102	上海虹桥——北京南	06:39——12:18	5小时39分	一等座:933 二等座:553
G14	上海虹桥——北京南	10:00——14:58	4小时58分	一等座:933 二等座:553
G18	上海虹桥——北京南	15:00——19:55	4小时55分	一等座:933 二等座:553
G9	上海虹桥——北京南	19:00——23:49	4小时49分	一等座:933 二等座:553

三、你打算和朋友坐火车旅行,请确定目的地,查询车票信息,并和朋友模拟购票。

You plan to have a trip with friends by train. Please determine the destination, look for the ticket information, and simulate the scene of getting tickets

订火车票的常用表达 Useful expressions for booking train tickets

1. 我订一张下周一/……去南京/……的车票。

2. 你打算什么时候出发?

3. 晚上6点/……以后。

4. 你还有别的要求吗?

5. 高铁吧。

6. 我不喜欢坐慢车,太浪费时间了。

第十二课　买一张 16 号去南京的车票

购买火车票的常用表达　Useful expressions for purchasing train tickets

1. 买一 /…… 张16号 /…… 去南京 /……的高铁车票。
2. 您要几点的？
3. 下午6点 /……以后发车的。
4. G203 /……次行吗？下午6点28分 /……发车。
5. 全程需要多长时间？
6. 4个小时 /……左右，晚上10点43分 /……到。
7. 我要一 /……张一等座 /……。

你想学习更多吗？

将下列地方与特色连线
Connect the following pictures with the relative cities

Chéngdū　　Hángzhōu　　　　Xī'ān　　　Tiānjīn
成都　　　杭州　　　　西安　　　天津

查查下列词语的意思 What do the following words mean?

shāngwùzuò tèděngzuò 商务座/特等座			
èrděngzuò 二等座		ruǎnwò 软卧	
yìngwò 硬卧		shàngpù 上铺	
zhōngpù 中铺		xiàpù 下铺	
ruǎnzuò 软座		yìngzuò 硬座	

小组活动 Group work

1. 请查询全程时间最短的车次信息 Please check the fastest train information

	出发——到达	车 次	发车时间——到达时间	全程时间	票价(元) 商务座 特等座	一等座	二等座
1	北京西——成都东						
2	天津——北京南						
3	杭州东——上海虹桥						
4	上海虹桥——西安北						

2. 回答问题 Answer the following questions

(1) 在你的国家，火车的座位有哪些？
What kinds of train seats are there in your country?

(2) 你常常坐火车吗？你会选择哪种座位？
Do you often take the train? What kind of seat do you choose?

(3) 你喜欢坐火车吗？为什么？
Do you like taking the train? Why?

第十二课 买一张 16 号去南京的车票

附 录

中国列车类型
(Category of Chinese Trains)

类 型 Category	代 码 Code	举 例 Example
gāosù dòngchē 高速动车	G	G5（北京南——上海虹桥）
chéngjì gāosù 城际高速	C	C2017（北京南——天津）
dòngchē 动车	D	D952（上海——成都东）
zhídá tèkuài lièchē 直达特快列车	Z	Z257（上海南——杭州东）
tèkuài lièchē 特快列车	T	T7（西安——成都）
kuàisù lièchē 快速列车	K	K879（西安——成都）
pǔtōng lièchē 普通列车	没有字母的四位数	1485（西安——成都）

第十三课 我什么时候可以搬进来?

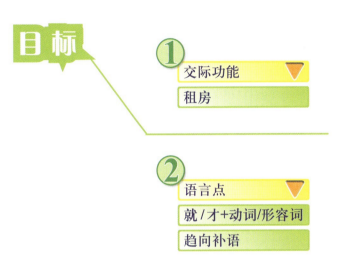

目标

① 交际功能
租房

② 语言点
就/才+动词/形容词
趋向补语

准 备

学一学

一、就／才＋动词／形容词 jiù / cái + Verb / Adjective

表示动作早 indicate the action is early	表示动作晚 indicate the action is late
我昨天晚上九点就睡(shuì)了。	弟弟昨天晚上十二点才睡。
他七点就到了。	她十点才到。
这个超市早上6点就开(kāi)门了。	很多商场上午10点才开门。
王乐16岁就大学毕业了。	李小明30岁才大学毕业。
大卫三年前就来北京了。	玛丽去年才来北京。

二、趋向补语 Directional complement

动词＋进来(jìnlai)／出去(chūqu)／进去(jìnqu)／出来(chūlai)／过去(guòqu)／过来(guòlai)

老师走进来了。

学生走出去了。

第十三课　我什么时候可以搬进来？

她跑进去了。

她跑出来了。

那辆(liǎng)车拐过去了。
measure word

那辆车拐过来了。

练一练

一、选词填空 Fill in the blanks with the proper words

　　　　就　　才

1. 9点开会，他9点半（　　）来。
2. 火车8点发车，玛丽6点（　　）到了。

3. 他22岁（　　）开了自己的公司，可他哥哥30岁（　　）找到第一个工作。

4. 我5点（　　）回家了，可爸爸11点（　　）回来。

二、看图说话 Make sentences according to the pictures

第十三课　我什么时候可以搬进来？

会话

学一学

一

词语准备 New words

1	房屋	fángwū	名	houses, buildings
2	展览馆	zhǎnlǎnguǎn	名	exhibition hall
3	价位	jiàwèi	名	spread
4	租金	zūjīn	名	rent
5	最好	zuìhǎo	副	had better
6	要求	yāoqiú	动、名	require, requirement
7	卧室	wòshì	名	bedroom
8	家具	jiājù	名	furniture
9	电器	diànqì	名	electric appliance
10	齐全	qíquán	形	complete with nothing missed
11	两室一厅	liǎng shì yì tīng		two bedrooms and one living room
12	觉得	juéde	动	feel, think

对话 Dialogue

中介：您好，欢迎光临爱家房屋中介公司。

大卫：我想在展览馆附近租一套房子。

中介：您想租什么价位的？

167

大卫：租金最好在5000块钱以内。

中介：您还有其他要求吗？

大卫：我希望有两个卧室，家具和电器最好齐全。

中介：您稍等，我帮您查一下。……这儿有一套两室一厅，70平米。您觉得怎么样？

大卫：可以，我想周末去看看。

中介：没问题，我给您安排。

第十三课 我什么时候可以搬进来？
Dì-shísān Kè Wǒ Shénme Shíhou Kěyǐ Bān Jìnlai

二

词语准备 New words

13	房东	fángdōng	名	landlord
14	去年	qùnián	名	last year
15	装修	zhuāngxiū	动	decorate
16	新	xīn	形	new
17	布局	bùjú	名	layout
18	满意	mǎnyì	形	satisfied
19	押金	yājīn	名	deposit
20	包括	bāokuò	动	include
21	物业	wùyè	名	property
22	电	diàn	名	electricity
23	只	zhǐ	副	only, just
24	燃气	ránqì	名	gas
25	自己	zìjǐ	代	self
26	这些	zhèxiē	代	these
27	合同	hétong	名	agreement, contract
28	搬	bān	动	move
29	空	kōng	动	empty
30	签	qiān	动	sign

对话 Dialogue

房东 Fángdōng：这 Zhè 套 tào 房子 fángzi 我 wǒ 去年 qùnián 才 cái 装修 zhuāngxiū 过 guò，家具 jiājù 和 hé 电器 diànqì 都 dōu 是 shì 新 xīn 买 mǎi 的 de。

169

大卫：房子布局不错，我很满意。房租是多少？

房东：每个月5000元，每三个月付一次；另外您还要付5000元的押金。

大卫：房租包括物业费、水费、电费吗？

房东：房租只包括物业费，水费、电费和燃气费需要您自己付。这些都会写在租房合同里。

大卫：我什么时候可以搬进来？

房东：这套房子现在空着，签了合同您就可以住进来。

第十三课　我什么时候可以搬进来？

练一练

一、你是房屋中介，请根据客户的要求向他们推荐合适的房子。
You are a real-estate agent, please recommend proper apartments to the customers according to their requirements

火车站附近，家具齐全，2000元/月，下周一看房。

华中大厦附近，两室一厅，4800元/月，周六看房。

东方路小学附近，两室一厅，家具齐全，2500元/月，周日看房。

001房	华中大厦北	两室一厅	90m²	4800元/月	有电器
002房	火车站南1公里	一室一厅	57m²	2000元/月	有家具
003房	东方路小学附近	两室一厅	91m²	2500元/月	有家具、电器

A：您好，欢迎光临……房屋中介公司。

B：我想在……租一套房子。

A：您想租什么价位的?

B：……

A：您还有其他要求吗?

B：我希望……。

A：您稍等，我帮您查一下。这儿有……。您觉得怎么样?

B：可以，我想……去看看。

A：没问题，……。

171

二、安娜根据广告去看房，房东如何接待她？
Anna will see a house according to the advertisement, how does the landlord receive her?

1.

小 区 (xiǎoqū) residential quarter	新华小区
房 型	两室一厅
装 修	新装修　家具电器齐全
联系人	王小姐　15914167044
租 金	2500元/月（不包括水费、电费） 三个月付一次　押金2500元

2.

小 区	远大小区
房 型	一室一厅
装 修	新装修　家具电器齐全。
联系人	高先生　15801234558
租 金	2000元/月　包括物业费　半年付一次押金2000元

3.

小 区	华中大厦
房 型	三室一厅
装 修	装修一年　家具家电齐全。
联系人	张明　13146375159
租 金	4800元/月（包括物业费，不包括水、电费） 三个月付一次　押金4800元。

房东：这套房子……。

安娜：……，我……。房租……？

房东：房租是……，……付一次；另外您还要付……押金。

安娜：房租包括……吗？

房东：房租只包括……，……这些都会写在……里的。

安娜：我什么时候……？

房东：……。

第十三课　我什么时候可以搬进来？

实践

一、角色扮演 Role-play

角色：A：房屋中介　　B：山本
Role:　A: real-estate agent　B: Yamamoto

任务：山本要在方元小区租一套一室一厅。
Task: B wants to rent one bedroom apartment in Fangyuan Xiaoqu.

A	B
您好，……。	我想在……租……。
您想租什么价位的？	租金最好在……以内。
您还有其他要求吗？	我希望……。
……，您觉得怎么样？	可以，我想……。
没问题，……。	

二、你的房子信息如下，请向房客介绍你的房子
Please introduce your apartment to the tenant according to the following information

所在小区	新世界家园
房型	二室二厅
租金	3300元/月（一个月付一次）押金3300元
楼层	第11层，共15层（有电梯）
面积	67平米（装修一年）
房屋配置	燃气/电视/暖气/床/衣柜/洗衣机/空调/冰箱
联系电话	15914167044

三、你公司要租一套房子，请你到房屋中介公司说明要求
Your company will rent an apartment, please tell the real-estate agent:

1. 你希望的价格
2. 对房屋的要求（房屋的位置、面积、布局等）
3. 看房时间

1. Expected price
2. The requirements (position, area, and layout, etc.)
3. The time of seeing the apartment

租房常用表达 Useful expressions for renting an apartment

1. 我想在展览馆附近租一套房子。
2. 您想租什么价位的？
3. 租金最好在5000块钱以内。
4. 您还有其他要求吗？
5. 我希望有两个卧室，家具和电器最好齐全。

看房常用表达 Useful expressions for seeing a house

1. 这套房子我去年才装修过，家具和电器都是新买的。
2. 房间布局不错，我很满意。

第十三课 我什么时候可以搬进来？
Dì-shísān Kè　Wǒ Shénme Shíhou Kěyǐ Bān Jìnlai

3. 房租是多少？

4. 房租是每个月5000元，每三个月付一次。

5. 您还要付5000元押金。

6. 房租包括物业费、水费、电费吗？

7. 房租只包括物业费，水费、电费和燃气费需要您自己付。

8. 这些都会写在租房合同里。

9. 我什么时候可以搬进来？

10. 签了合同您就可以住进来。

你想学习更多吗？

查字典，将下面的词语与图片连线
Connect the following pictures with the suitable name

居室类型 Room type

zhǔwò　yángtái　shūfáng　chǔcángjiān　chēkù　wèishēngjiān　chúfáng
主卧　阳台　书房　储藏间　车库　卫生间　厨房

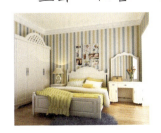  

175

家用电器 Household electric appliance

diànshì
电 视

bīngxiāng
冰 箱

xǐyījī
洗衣机

wēibōlú
微波炉

kōngqì jìnghuàqì
空气净化器

rèshuǐqì
热水器

小组活动 Group work

1. 向你的朋友介绍一下你家的布局。
   Introduce the layout of your apartment to your partner.

2. 你打算租一套房子，请向房屋中介说明你的要求：
   (1) 房子位置及布局
   (2) 房屋设施及电器
   (3) 租金要求

   You plan to rent an apartment, please tell your requirements to the real-estate agent:
      (1) the position and layout of the apartment
      (2) facilities and household electric appliances
      (3) expected price

第十三课　我什么时候可以搬进来？

附录

房屋租赁合同
(A Lease Contract)

出租方（甲方）：　　　　　　　承租方（乙方）：

第一条　房屋基本情况

　　该房屋坐落于 _____ 市 _____ 区（县）_____。
该房屋为：楼房 ____ 室 ____ 厅 ____ 卫，平房 ____ 间，建筑面积 _____ 平方米，使用面积 _____ 平方米，装修状况 _____。

第二条　房屋用途

　　该房屋用途为：_____。乙方保证，在租赁期内未征得甲方书面同意以及按规定经有关部门审核批准前，不擅自改变该房屋的用途。

第三条　租赁期限

　　房屋租赁期自 _____ 年 ____ 月 ____ 日至 _____ 年 ____ 月 ____ 日，共计 _____ 年 ____ 个月。

第四条　租金及保证金

　　（一）租金标准：_____ 元/（□月/□季/□半年/□年），租金总计：_____ 元（大写：元）。该房屋租金 _____（□年/□月）不变，自第 _____（□年/□月）起，双方可协商对租金进行调整。有关调整事宜由双方另行约定。

177

（二）租金支付方式：（□甲方直接收取／□甲方代理人直接收取／□甲方代理人为房地产经纪机构的，乙方应在_____银行开立账户，通过该账户支付租金，房地产经纪机构不得直接向乙方收取租金，但乙方未按期到_____银行支付租金的除外。房地产经纪机构应于本合同签订之日起3个工作日内将其中一份合同送交_____银行。）

（三）甲方交付该房屋时，乙方（□是／□否）向甲方支付房屋租赁保证金，具体金额为：_____元（大写：_____元）。租赁期满或合同解除后，房屋租赁保证金除抵扣应由乙方承担的费用、租金，以及乙方应承担的违约赔偿责任外，剩余部分应如数返还乙方。

本合同生效后，双方对合同内容的变更或补充应采取书面形式，作为本合同的附件。附件与本合同具有同等的法律效力。

出租方（甲方）签章：   承租方（乙方）签章：
证照号码：   证照号码：

签约时间： 年 月 日

第十四课
希望我的事业越来越成功

目标

① 交际功能
- 签署合同
- 描述经历

② 语言点
- 什么/哪儿/谁……也/都……
- 越来越

学一学

一、什么／哪儿／哪里／谁……也／都……
shénme/nǎr/nǎli/shuí……yě/dōu……

常用表达	举　例
什么/哪儿/哪里/谁＋也……	她什么也不知道。
	在北京，我哪儿/哪里也没去过。
	谁也不认识那个人。
什么/哪儿/哪里/谁＋都……	她什么都不知道。
	在北京，我哪儿/哪里都没去过。
	谁都不认识那个人。
	什么书我都喜欢。
	在北京，我哪儿/哪里都想去。
	谁都认识姚明。

二、越来越…… yuèláiyuè……

 	雨越来越大。
 	我的中国朋友越来越多。 　　　　friend

180

电脑越来越便宜。

天气越来越热了。

练一练

一、选词填空 Fill in the following blanks with proper words

什么　谁　哪里

1. 刚来中国的时候，我（　　）朋友也没有。
2. 我要在家休息，（　　）也不想去。
3. 姚明很有名，（　　）都知道他。
4. A: 你要喝茶还是咖啡？　B: （　　）都可以。

二、选择合适的词语完成句子 Make sentences with proper words

_____越来越_____。

他的汉语	贵
玛丽	好
马丁	喜欢吃中国菜
飞机票	漂亮

学一学

一

词语准备 New words

1	签署	qiānshǔ	动	subscribe
2	关于	guānyú	介	about
3	交货	jiāo huò	动	deliver
4	谈	tán	动	discuss
5	确认	quèrèn	动	confirm
6	修改	xiūgǎi	动	amend, revise
7	重要	zhòngyào	形	important
8	任何	rènhé	代	any
9	差错	chācuò	名	error, mistake
10	签字	qiān zì	动	sign

第十四课　希望我的事业越来越成功

对话 Dialogue

王经理：大卫先生，这是今天要签署的合同，请您再看一下。

大卫：有一点儿小问题。关于交货时间，我们谈的是5月以前，可是合同上写的是6月以前。

王经理：哦，我确认一下。……应该是5月以前，我马上修改。

大卫：谢谢！交货时间对我们非常重要，我不想有任何差错。

王经理：改好了，您再看看，还有别的问题吗？

大卫：没有了。

王经理：那请您在这儿签字吧！

大卫：好，祝我们合作愉快！

词语准备 New words

11	刚	gāng	副	just
12	开始	kāishǐ	动	begin, start
13	懂	dǒng	动	understand
14	比如	bǐrú	动	for example
15	聊天儿	liáo tiānr	动	chat
16	东西	dōngxi	名	thing
17	等等	děngděng	助	and so on
18	打交道	dǎ jiāodao	动	contact with
19	事业	shìyè	名	career
20	成功	chénggōng	形、动	successful, succeed

叙述 Narrative

（大卫）

我学习汉语已经一年了。刚开始的时候，我**什么都**不会说，**什么也**看不懂。现在，我可以用中文做很多事，比如问路、和朋友聊天儿、买东西、租房子等等。最近，我正在和一家中国公司合作，用汉语和他们打交道。我希望我的汉语**越来越**好，我的事业**越来越**成功。

184

第十四课　希望我的事业越来越成功

Dì-shísì Kè　Xīwàng Wǒ de Shìyè Yuèláiyuè Chénggōng

练一练

一、签署合同时你发现了问题，你如何向对方说明？
You find some mistakes before signing a contract, how do you explain to the collaborators?

1	交货时间	谈的是8月以前	合同上写的是9月以前
2	交货数量	谈的是10万件	合同上写的是11万件
3	交货时间	中文合同上写的是8月20日	英文合同上写的是8月30日

A：……，这是……，请您再看一下。

B：有一点儿小问题。关于……，……，可是……。

A：哦，我确认一下。……应该是……，我马上……。

B：谢谢！……对我们非常重要，我不想……。

A：改好了，您再……，还有……吗？

B：没有了。

A：那请您……！

B：好，祝我们……！

二、按照下列格式，说说你的经历
Talk about your experience according to the following format

1. 学习外语　　2. 留学　　3. 找工作

我……已经……了。刚开始的时候，我……。现在，我……，比如……，……，……等等。最近，我正在……。我希望……越来越……。

一、你负责和中新公司签署合同，请你审核合同书。如果有问题，你该如何与他们交涉？
You will sign a contract with Zhongxin Company. Please check the contract. If there are some problems, how do you negotiate with them?

谈判备忘录（Memorandum）

1. 向中新公司购买黑色大衣10万件，每件50元。
2. 交货时间：9月前交6万件，10月前交4万件。
3. 交货地点：广州
4. ……

购货合同（Contract）

卖方：中新公司　　　　买方：大华公司
货品名称：大衣（黑色）10万件，每件50元
交货地点：广州
交货时间：10月前交清
……

第十四课　希望我的事业越来越成功

二、你购买机票时，发现售票员把你的护照号码写错了，你怎么办？
What will you do if you find your passport number is wrong in the plane ticket?

A：……，这是您的机票信息，请您再……。

B：有一点儿问题。关于……，我的是……，可是这里写的是……。

A：哦，对不起，我马上……。

B：谢谢！……非常重要，我不想……。

A：改好了，您再看看，还有……吗？

B：没有了。

A：好，我出票了。祝您旅行愉快！

三、成段表达　Speech

我们的合作 Our cooperation

参考词语：合作　开始　以前　现在　洽谈 qiàtán negotiate　问题　越来越……　顺利 shùnlì smoothly　成功

签署合同的常用表达 Useful expressions for signing a contract

1. 大卫先生，这是今天要签署的合同，请您再看一下。
2. 有一点儿小问题。关于交货时间，我们谈的是5月以前，可是合同上面写的是6月以前。
3. 我确认一下。应该是5月以前，我马上修改。
4. 交货时间对我们非常重要，我不想有任何差错。
5. 请您在这儿签字吧！
6. 祝我们合作愉快！

描述一段经历的常用表达 Useful expressions for describing an experience

我……已经……了。刚开始的时候，……。现在，……，比如……、……等等。最近，我正在……。我希望……。

你想学习更多吗？

将下面的词语与英文意思连线
Connect the following explanation with the suitable name

买方/需方 mǎifāng / xūfāng　　　　draft
卖方/供方 màifāng / gōngfāng　　　packing
草案 cǎo'àn　　　　　　　　　　　original
正本 zhèngběn　　　　　　　　　　bargainor
副本 fùběn　　　　　　　　　　　 breach of faith
包装 bāozhuāng　　　　　　　　　 purchaser
验收 yànshōu　　　　　　　　　　 claim
违约 wéi yuē　　　　　　　　　　 inspection
索赔 suǒpéi　　　　　　　　　　　copy

小组活动 Group work

1. 当你代表买方在合同上签字时，需要注意什么？
   What should you pay attention to when you sign a contract as a purchaser?
2. 当你代表卖方在合同上签字时，需要注意什么？
   What should you pay attention to when you sign a contract as a seller?
3. 成段表达：介绍一次你参加的商务活动。
   Speech: introduce a business activity you participated in.

第十四课 希望我的事业越来越成功

附 录

某销售合同
(A Sales Contract)

购销合同书

供方：<u>湖南时代电子有限公司</u>

需方：_____

经供需双方协商，根据《中华人民共和国合同法》签定本合同，共同遵守。

№	产品型号	数　量	单价(RMB)	总价(RMB)	发货日期
1					
2					
3					
4					
总计人民币（小写）：			元	大写：	

一、交货地点：_____

二、交货日期：根据需方要求，供方按给定的发货日期发货。合同生效日期以双方签章及30%的定金到账日期为准。

三、结算方式：收到全额货款后，按约定的日期发货。

四、质量要求及技术验收标准：按厂家标准。

五、包装标准：按厂家标准。

六、违约责任：约定及未约定事宜违约均按《合同法》的有关规定。

七、解决合同纠纷的方式：协商解决，协商方式按《合同法》的有关规定。

八、其他约定事项：_____

九、本合同一式二份，双方各执一份，自双方签字盖章并收到定金之日起生效。有关订货传真件或电子邮件视为本合同有效组成部分，与合同具有同等效力。

十、未尽事宜双方协商解决。

供　　方：<u>湖南时代电子有限公司</u>　　需　　方：_____

地　　址：<u>长沙市阳光大厦3楼302室</u>　地　　址：_____

开户行：_____　开户行：_____

账　　号：_____　账　　号：_____

授权代表：_____　授权代表：_____

签约时间：　　年　月　日　　　　签约时间：　　年　月　日

生词总表

序号	生词	拼音	词性	英译	日译	韩译	出处
1.	安排	ānpái	动	arrange，arrangement	準備（する）	안배(하다). 처리(하다). 배치(하다)	5
2.	把	bǎ	介	used before a direct object, followed by a transitive verb	～を	루가 있는 물건(의자, 우산, 열쇠 등)을 세는 양사	5
3.	搬	bān	动	move	動かす	이사하다. 옮기다	13
4.	办公室	bàngōngshì	名	office	事務所	사무실	5
5.	帮忙	bāng máng	动	help	手伝う	돕다	3
6.	帮助	bāngzhù	动	help	助ける	돕다	3
7.	包括	bāokuò	动	include	入れる、含む	포함하다	13
8.	饱	bǎo	形	full	お腹がいっぱいになる	배부르다, 가득 차다	5
9.	保修期	bǎoxiūqī	名	warranty period	～保証付き	품질 보증기간	10
10.	抱歉	bàoqiàn	动	sorry	すみません。	미안하게 여기다	1
11.	本	běn	量	measure word	冊	권 (책, 잡지 등을 세는 양사)	3
12.	本	běn	代	this	この	이번. 지금. 현재	8
13.	比价	bǐjià	名	price relations	相場	비교가격, 가격차	9
14.	比如	bǐrú	动	for example	例えば	예를 들다	14
15.	毕业	bì yè	动	graduate	卒業する	졸업하다	11
16.	遍	biàn	量	time	回	번. 회	12
17.	表	biǎo	名	table，list	表	표. 양식	5
18.	表示	biǎoshì	动	express	表す	표현하다	6
19.	不过	búguò	连	but	しかし	그러나, 하지만	2
20.	不要紧	bú yàojǐn		never mind	大丈夫だ	괜찮다. 문제없다	7
21.	部	bù	名	section，department	部、学部	부. 부서	10
22.	不好意思	bù hǎoyìsi		sorry，feel shy	恥ずかしい	죄송합니다, 부끄럽습니다	1
23.	布局	bùjú	名	layout	配置	구조. 배치	13
24.	才	cái	副	indicate the action is late	～しか～ない。	비로소, ……되어서야	13
25.	层	céng	名	floor	階	(건물의) 층	4
26.	曾经	céngjīng	副	once	～たことがある	일찍이. 이전에. 이미. 벌써	11
27.	差错	chācuò	名	error，mistake	ミス	착오. 실수	14
28.	查	chá	动	search, inquire	調べる	묻다. 문의하다	3
29.	查询	cháxún	动	inquire	問いただす	문의하다. 조회하다	3
30.	茶	chá	名	tea	お茶	차	6
31.	车	chē	名	vehicle	車、乗り物	차. 수레	2
32.	车票	chēpiào	名	train ticket	汽車の切符	차표. 열차표	12
33.	称呼	chēnghu	动	call, address	～呼ぶ。	부르다, 칭하다	8

序号	生词	拼音	词性	英译	日译	韩译	出处
34.	成功	chénggōng	形	successful	成功した	성공적이다	14
35.	重复	chóngfù	动	repeat	繰り返す	반복하다	12
36.	出	chū	动	come out	出る	나가다. 나오다	4
37.	出发	chūfā	动	start off	出発する	출발하다	12
38.	出来	chūlai	动	come out	出る	나오다	13
39.	出票	chū piào	动	issue (ticket)	切符を売り出す	(표를) 발권하다	12
40.	出去	chūqu	动	go out	出る	나가다	13
41.	出示	chūshì	动	show	見せる	보여주다. 보이다	8
42.	出席	chūxí	动	attend	出席する	참석하다. 출석하다	6
43.	除了……以外	chúle……yǐwài……		except	～のほかに～	……을 제외하고, ……외에	9
44.	存款	cún kuǎn	动	deposit money	デポジット	예금하다	9
45.	打交道	dǎ jiāodao	动	contact with	～と触れ合う	왕래하다. 접촉하다. 사귀다	14
46.	打折	dǎ zhé	动	discount	ディスカウント	할인하다.	1
47.	大概	dàgài	副	probably	だいたい	아마도. 대개는	4
48.	大厦	dàshà	名	edifice, building	ビル	빌딩. 고층건물	3
49.	大厅	dàtīng	名	lobby	ロビー	홀. 로비	4
50.	大学	dàxué	名	university, college	大学	대학교	11
51.	大衣	dàyī	名	overcoat	コート	외투, 코트	5
52.	带	dài	动	take	連れる、持つ	지니다. 휴대하다	7
53.	代表	dàibiǎo	动	on behalf of	代表する	대표하다. 대신하다	6
54.	单(子)	dān(zi)	名	form, list	リスト	표. 리스트	9
55.	当天	dàngtiān	名	the same day	当日	그 날. 같은 날	1
56.	倒	dǎo	动	tranfer (trains or buses)	乗り換える	(열차 혹은 버스를) 갈아타다	2
57.	到达	dàodá	动	arrive	～に着く	도착하다	12
58.	等等	děngděng	助	and so on	など	기타. 등등	14
59.	地铁	dìtiě	名	subway	地下鉄	지하철	2
60.	地下	dìxià	名	basement	地下	지하	4
61.	点	diǎn	动	count	数える	세다	9
62.	电	diàn	名	electricity	電気	전기요금	13
63.	电车	diànchē	名	troylleybus	電車	전차	2
64.	电池	diànchí	名	battery	電池	건전지	10
65.	电器	diànqì	名	electirc appliance	電気器具	가전 제품, 가전기기	13
66.	电视	diànshì	名	TV	テレビ	텔레비전	6
67.	电梯	diàntī	名	elevator, lift	エレベーター	엘리베이터	4
68.	订	dìng	动	book	予約する	예약하다	3

序号	生词	拼音	词性	英译	日译	韩译	出处
69.	地址	dìzhǐ	名	address	アドレス	주소	10
70.	冬天	dōngtiān	名	winter	冬	겨울	2
71.	东西	dōngxi	名	thing	物	물건	14
72.	懂	dǒng	动	understand	分かる	이해하다	14
73.	动物园	dòngwùyuán	名	zoo	動物園	동물원	2
74.	堵车	dǔ chē	动	traffic jam, traffic block	渋滞する	차가 막히다	2
75.	对	duì	介	to, towards	～に対して、～に向かって、～にとって	……에게. ……쪽으로	6
76.	对	duì	介	versus	対	대(對)	9
77.	对不起	duìbuqǐ		sorry	すみません。	미안합니다	1
78.	对面	duìmiàn	名	opposite	向こう	반대편. 맞은편	2
79.	兑换	duìhuàn	动	exchange	両替する	환전하다	9
80.	发车	fā chē	动	depart	発車する	(열차 등이) 출발하다	12
81.	发烧	fā shāo	动	fever	熱が出る	열이 나다	7
82.	范围	fànwéi	名	scope, range, limit	範囲	범위	10
83.	方便	fāngbiàn	形、动	convenient	便利だ	편리하다	5
84.	房东	fángdōng	名	landlord	大家	집주인. 소유주	13
85.	房卡	fángkǎ	名	room card, room key	ルーム・カード	방 카드(열쇠)	8
86.	房屋	fángwū	名	houses; buildings	家	집, 빌딩	13-1
87.	非常	fēicháng	副	very, extremely	とても、非常に	매우. 대단히	5
88.	费	fèi	名	fee, expense	費用	요금. 비용	12
89.	费用	fèiyòng	名	cost, expense	費用	비용. 요금	10
90.	服务	fúwù	动	service	サービス	근무하다. 서비스하다	3
91.	付	fù	动	pay	払う	지불하다	1
92.	改	gǎi	动	change	変える	고치다. 바꾸다	5
93.	干杯	gān bēi	动	cheers	乾杯	건배하다	6
94.	干净	gānjìng	形	clean	きれいだ	깨끗하다	5
95.	感	gǎn	动	feel	感じる、～ような気がする	느끼다	6
96.	感到	gǎndào	动	feel	心から～と感じる	느끼다. 생각하다	6
97.	刚	gāng	副	just	～たばかりだ	지금. 막	14
98.	感冒	gǎnmào	动	catch a cold	風邪を引く	감기에 걸리다. 감기	7
99.	感谢	gǎnxiè	动	thank	感謝する	고맙다. 감사하다	5
100.	高峰	gāofēng	名	a high peak	ピーク	최고점. 절정	2
101.	高铁	gāotiě	名	high-spead train	高速鉄道	고속철도	12
102.	高兴	gāoxìng	形	glad,happy	嬉しい	기쁘다. 즐겁다.	11

序号	生词	拼音	词性	英译	日译	韩译	出处
103.	告诉	gàosu	动	tell	教える	말하다, 알리다	5
104.	各	gè	代	every	どの～も、ごとに	여러. 여러 가지	6
105.	购物	gòu wù	动	shopping	買い物する	물건을 사다. 쇼핑하다	1
106.	关	guān	动	close	閉まる	덮다	5
107.	关于	guānyú	介	about	～について	……에 관하여	14
108.	关照	guānzhào	动	look after, keep an eye on	面倒を見る	돌보다	11
109.	广场	guǎngchǎng	名	plaza, square	広場	광장	2
110.	贵	guì	形	your (with respect)	ご～、お～	여러분의. 당신의 (존경의 의미를 나타내는 말)	6
111.	柜员	guìyuán	名	bank teller	行の窓口の人	(은행) 창구 직원	9
112.	国际	guójì	名	international	国際	국제(적)	11
113.	过	guò	动	pass	通る	지나다. 건너다	4
114.	过来	guòlai	动	come over	来る	(내 쪽으로)오다	13
115.	过去	guòqu	动	go over	渡す	지나가다. 건너가다	4
116.	好吃	hǎochī	形	delicious	美味しい	맛있다	2
117.	喝	hē	动	drink	飲む	마시다	7
118.	合	hé	动	fit	合う	맞다. 어울리다	6
119.	合同	hétong	名	agreement, contract	契約書	계약(서)	13
120.	合作	hézuò	动	cooperate, cooperation	協力（する）	합작(하다). 협력(하다)	6
121.	红绿灯	hónglǜdēng	名	traffic light	交通信号	신호등	4
122.	护照	hùzhào	名	passport	パスポート	여권	8
123.	坏	huài	形	broken	壊れた	고장이 나다	10
124.	换	huàn	动	change	変える	바꾸다. 교환하다	9
125.	换乘	huànchéng	动	to change (trains or buses)	乗り換える	(열차 혹은 버스를)갈아타다	2
126.	回	huí	量	measure word	回	번. 회	10
127.	会	huì	名	meeting	集会	모임	12
128.	会	huì	助动	will	～つもりだ。	……할 것이다	12
129.	会员	huìyuán	名	a member of an association, club, etc.	会員	회원	1
130.	汇款	huì kuǎn	动	remit money	送金	송금하다	9
131.	汇率	huìlǜ	名	exchange rate	為替レート	환율	9
132.	火车站	huǒchēzhàn	名	railway station	駅	기차역	2
133.	急	jí	形	urgent	緊急	급하다	5
134.	记	jì	动	write down	書き入れる	기록하다. 적다	10
135.	记录	jìlù	动	note, take notes	記録する	기록하다	3
136.	嘉宾	jiābīn	名	honorable guest	ゲスト	귀한 손님. 귀빈	6
137.	加入	jiārù	动	join	入る	가입하다. 참가하다	11

生词总表

序号	生词	拼音	词性	英译	日译	韩译	出处
138.	加上	jiāshàng	动	add to	加える	더하다. 첨가하다	12
139.	家具	jiājù	名	furniture	家具	가구	13
140.	价位	jiàwèi	名	spread	値段の範囲	가격대	13
141.	健康	jiànkāng	名	health	健康	건강	6
142.	见面	jiàn miàn	动	meet	会う	만나다	3
143.	交货	jiāo huò	动	delivery	納品する	배달하다. 인도하다	14
144.	结果	jiéguǒ	名	result	結果	결과	11
145.	介绍	jièshào	动	introduce	紹介する	소개하다	11
146.	进来	jìnlai	动	come in	入る	들어오다	13
147.	进去	jìnqu	动	go in	入る	들어가다	13
148.	谨	jǐn	副	sincerely	謹んで	공손히. 정중히	6
149.	尽快	jǐnkuài	副	as soon as possible	できるだけ速く	되도록 빨리	11
150.	经贸	jīngmào		business and economics	ビジネス	경제・무역	11
151.	经验	jīngyàn	名	experience	経験	경험	11
152.	酒店	jiǔdiàn	名	hotel	ホテル	호텔	8
153.	就	jiù	副	at once, right away	～てすぐ	곧. 바로. 즉시	4
154.	觉得	juéde	动	feel; think	～と思う。	느끼다, 생각하다	13
155.	开会	kāi huì	动	have a meeting	会議をする	회의하다	5
156.	开机	kāi jī	动	starting up	つける	(기계의) 전원을 켜다	10
157.	开门	kāi mén	动	open	開く	문을 열다	13
158.	开始	kāishǐ	动	begin, start	始める、始まる	시작하다	14
159.	开通	kāitōng	动	open	開ける	개통하다	9
160.	看	kàn	动	look,watch	見る	보다, 살피다	5
161.	咳嗽	késou	动	cough	咳がする	기침하다	7
162.	可能	kěnéng	助动	probably, maybe	～かもしれない。	아마도……(일 것이다)	12
163.	可以	kěyǐ	动	can, may	～てもいい	……할 수 있다. ……해도 좋다	1
164.	客气	kèqi	形	polite, courteous	遠慮	예의가 바르다. 겸손하다	2
165.	空	kōng	动	empty	取り出す、移り出す	비우다	13
166.	空调	kōngtiáo	名	air condition	エアコン	에어컨	10
167.	恐怕	kǒngpà	副	perhaps, maybe	おそらく	아마도	12
168.	口味	kǒuwèi	名	taste, flavor of food	食べ物に対する好み	맛. 구미. 기호	6
169.	款待	kuǎndài	动	treat	扱う	정성껏 대접하다	6
170.	来不及	láibují		there's not enough time (to do sth)	間に合わない	제 시간에 맞추기 어렵다. 시간이 부족하다.	12
171.	浪费	làngfèi	动	waste	浪費する	낭비하다	12
172.	了	le	语气助词	particle	～た	어기조사	7

序号	生词	拼音	词性	英译	日译	韩译	出处
173.	累计	lěijì	动	add up	合計	누계하다. 합계하다	1
174.	累	lèi	形	tired	疲れる	피곤하다, 지치다	5
175.	离开	líkāi	动	leave	離れる、出る	떠나다	8
176.	里	lǐ	名	inner	中、うち	안. 속	8
177.	脸色	liǎnsè	名	look	顔色	안색. 표정	7
178.	两室一厅	liǎng shì yì tīng		two bedrooms and one living room	2LDK	방 두 개 거실 하나	13
179.	聊天儿	liáo tiānr	动	chat	チャットする	잡담을 나누다	14
180.	淋	lín	动	drench, pour, sprinkle	雨に濡れる	비를 맞다. 비에 젖다	7
181.	另外	lìngwài	副	additionally	ほかに	그 외에, 그밖에	5
182.	留言	liú yán	动	leave a message	伝言	메모(말)를 남기다	3
183.	楼	lóu	名	floor	階	(건물의) 층	4
184.	路	lù	名	route	道	길	2
185.	麻烦	máfan	形	inconvenient	面倒だ	귀찮다. 번거롭다	2
186.	满	mǎn	形	full	いっぱいだ	가득하다	5
187.	满意	mǎnyì	形	satisfied	満足	만족하다. 마음에 들다	13
188.	慢	màn	形	slow	遅い	느리다	12
189.	贸易	màoyì	动	trade	貿易	무역하다	4
190.	美元	měiyuán	名	dollar	ドラ	달러	9
191.	门	mén	名	door	ドア	문	5
192.	米	mǐ	量	meter	メートル	미터(meter)	4
193.	秘书	mìshū	名	secretary	秘書	비서	5
194.	密码	mìmǎ	名	password	パスワード	비밀번호	8
195.	免费	miǎn fèi	副	for free	無料	무료로	1
196.	面试	miànshì	动	interview	面接	면접하다	11
197.	面试官	miànshìguān	名	interviewer	面接官	면접관	11
198.	拿	ná	动	take	取る、持つ	(손으로) 잡다. 얻다	9
199.	难	nán	形	difficult	難しい	어렵다	2
200.	南京	Nánjīng	名	Nanjing	南京	남경	12
201.	能够	nénggòu	动	can	できる	……할 수 있다	6
202.	努力	nǔlì	动	make efforts	努力する	노력하다	8
203.	哦	ò	拟声	expressing realization and understanding	ああ	오(깨달음이나 이해를 표현하는 감탄사)	12
204.	排队	pái duì	动	stand in a line	列に並ぶ	줄을 서다	3
205.	派	pài	动	send	派遣する、送る	보내다. 파견하다	10
206.	朋友	péngyou	名	friend	友達	친구	14
207.	片	piàn	量	tablet	錠、枚	약 등을 세는 양사	7

196

序号	生词	拼音	词性	英译	日译	韩译	出处
208.	漂亮	piàoliang	形	beautiful	きれいだ	예쁘다, 아름답	2
209.	凭	píng	动	depend on	～を当てにする	……에 근거하다. ……에 따르다	1
210.	齐全	qíquán	形	complete with nothing missing	完備している	완전히 갖추다. 완비하다	13
211.	启动	qǐdōng	动	start	始める	(기계를) 시동하다	10
212.	签	qiān	动	sign	サイン	서명하다, 사인하다	13
213.	签署	qiānshǔ	动	subscribe	署名する	(문서에) 서명하다	14
214.	签字	qiān zì	动	sign	サインする	서명하다	14
215.	取	qǔ	动	get，fetch	取る、手に入る	찾다. 받다. 얻다	3
216.	取款	qǔ kuǎn	动	withdraw money	お金を引きだす	예금을 인출하다	9
217.	去年	qùnián	名	last year	去年	작년	13
218.	全程	quánchéng	名	the whole journey	全コース	(여행 등의) 전체 코스	12
219.	确认	quèrēn	动	confirm	確認する	확인하다	14
220.	热情	rèqíng	形	warm, enthusiastic	情熱だ	열정적이다. 친절하다	6
221.	燃气	ránqì	名	gas	ガス	가스요금	13
222.	人力资源	rénlì zīyuán	名	human resource	人的資源	인력자원	11
223.	人民币	rénmínbì	名	RMB	人民元	인민폐	9
224.	人员	rényuán	名	personnel	人手	요원. 인원	10
225.	任何	rènhé	代	any	との～も	어떠한 (……라도)	14
226.	认识	rènshi	动	know	～と知っている。	알다, 인식하다	11
227.	日程	rìchéng	名	schedule	スケジュール	일정. 계획	5
228.	荣幸	róngxìng	形	be honoured	光栄だ	(매우) 영광스럽다	6
229.	容易	róngyì	形	easy	易しい、～やすい	쉽다	2
230.	如果	rúguǒ	连	if	と、たら、ば	만약. 만약에	10
231.	入住	rùzhù	动	check in	チェックイン	체크인하다	8
232.	嗓子	sǎngzi	名	throat	喉	목(구멍)	7
233.	商务	shāngwù	名	business	ビジネス	상무. 비즈니스	8
234.	上班	shàng bān	动	go to work	出勤する	출근하다	11
235.	上门	shàng mén	动	drop in	家まで、玄関まで	남의 집을 방문하다	10
236.	上网	shàng wǎng	动	surf on the Internet	インターネットする	인터넷 서핑을 하다	8
237.	申请	shēnqǐng	动	apply	申し出る	신청하다	9
238.	深	shēn	副	deeply	深く	깊이. 매우	6
239.	声音	shēngyīn	名	sound	声	소리. 목소리	10
240.	时代	shídài	名	times, era	時代	시대	2
241.	时候	shíhou	名	moment，time	時	시간. 동안. 때	8
242.	十分	shífēn	副	very, extremely	とても	매우. 충분히	6

序号	生词	拼音	词性	英译	日译	韩译	出处
243.	实在	shízài	副	really	本当に	정말로, 확실히	1
244.	适合	shìhé	动	fit, suit	合う	적합하다. 어울리다	11
245.	事	shì	名	affair, business	こと	일. 사무. 비즈니스	3
246.	事业	shìyè	名	cause	目標、理想	사업. 비영리적 사회 활동	14
247.	收取	shōuqǔ	动	collect, gather	集める	(요금 등을) 징수하다. 수금하다	10
248.	手机	shǒujī	名	mobile telephone	携帯電話	핸드폰	9
249.	手续	shǒuxù	名	procedure	手続き	수속	8
250.	书	shū	名	book	本	책	3
251.	舒服	shūfu	形	comfortable	気持ちがいい	편안하다	7
252.	输入	shūrù	动	input	入力	입력하다	8
253.	刷卡	shuā kǎ	动	pay with a credit card	クレジットカードで支払う	카드결제를 하다	1
254.	水	shuǐ	名	water	水	물	7
255.	睡	shuì	动	sleep	寝る	잠을 자다	1
256.	顺(着)	shùn(zhe)	动	along	沿う	따르다	4
257.	顺便	shùnbiàn	副	by the way	ついでに	……하는 김에	8
258.	所以	suǒyǐ	连	so	だから	그래서	11
259.	所有	suǒyǒu	形	all	すべて	모든. 일체의	8
260.	谈	tán	动	discuss	話し合う	토론하다	14
261.	套房	tàofáng	名	suite	スイート・ルーム	(호텔 등의) 스위트룸 혹은 침실·거실·주방·화장실 등이 갖추어진 집	8
262.	特别	tèbié	副	especially	特別に	특히. 아주. 유달리	10
263.	疼	téng	形	pain	痛い	아프다	7
264.	提议	tíyì	动	proposal	提案する	제의하다	6
265.	添	tiān	动	increase	増やす	첨가하다. 더하다	6
266.	填	tián	动	fill in	書き込む	작성하다. 채우다	9
267.	条	tiáo	量	measure word	本	유형, 무형의가늘고 긴것을세는양사	4
268.	听	tīng	动	listen	聞く	듣다	6
269.	头	tóu	名	head	頭	머리	7
270.	图书	túshū	名	books	本	책. 서적	3
271.	退房	tuì fáng	动	check out	チェックオフ	체크아웃하다	8
272.	完	wán	形	be over	終わる	다하다, 끝나다	5
273.	完成	wánchéng	动	finish	完成する	완성하다	10
274.	网上	wǎngshàng	名	online	オンライン	인터넷, 온라인	9
275.	微信	wēixìn	名	Wechat(a social medium application)	ウィーチャット	위챗(중국 메신저 앱)	1
276.	维修	wéixiū	动	repair	維持と修繕をする	수리하다. 보수하다	10

序号	生词	拼音	词性	英译	日译	韩译	出处
277.	为	wèi	介	for	ため	……에게. ……을 위하여	3
278.	位	wèi	量	measure word	〜人、〜かた	사람을 세는 양사 (높임말)	6
279.	为什么	wèi shénme		why	なぜ、どうして	왜. 무엇 때문에	11
280.	问题	wèntí	名	problem	問題	문제	11
281.	卧室	wòshì	名	bedroom	寝室	침실	13
282.	物业	wùyè	名	property	不動産管理	(건물 등의) 관리 사무소. 부동산	13
283.	洗	xǐ	动	wash	洗う	씻다	5
284.	洗澡	xǐ zǎo	动	bathe	お風呂に入る	샤워하다	3
285.	下	xià	动	get off	降りる	내리다	2
286.	下	xià	名	next	次	다음	5
287.	下班	xià bān	动	get off duty	退勤	퇴근하다	2
288.	先生	xiānsheng	名	Mr	さん、様	씨. 선생님	1
289.	享受	xiǎnshòu	动	enjoy	楽しむ	즐기다. 누리다	1
290.	线	xiàn	名	line	線	선	2
291.	现金	xiànjīn	名	cash	現金	현금	1
292.	现在	xiànzài	名	now	いま	지금. 현재	3
293.	销售	xiāoshòu	动	sell, market	売る、販売する	팔다. 판매하다	11
294.	小票	xiǎopiào	名	receipt	請求書、勘定書	영수증	1
295.	写	xiě	名	write	書く	쓰다	5
296.	新	xīn	形	new	新しい	새롭다	13
297.	行李	xíngli	名	baggage	荷物	짐. 수화물	2
298.	姓	xìng	动	be surnamed	苗字	성이……이다	8
299.	修改	xiūgǎi	动	amend, revise	直す	고치다. 개정하다	14
300.	休息	xiūxi	动	rest	休む	쉬다. 휴식하다	7
301.	需要	xūyào	动	need	要る	요구되다. 필요로 하다	9
302.	押金	yājīn	名	foregift	保証金	보증금	13
303.	宴会	yànhuì	名	banquet	宴会	연회	6
304.	要求	yāoqiú	动、名	require, requirement	要求（する）	요구하다. 요구사항	13
305.	遥控器	yáokòngqì	名	a remote control	リモコン	리모컨	10
306.	药	yào	名	medicine	薬	약	7
307.	要是	yàoshì	连	if	と、たら、ば	만약. 만약에	5
308.	也	yě	副	also	〜も〜	도, 또한	7
309.	一边	yìbiān	副	while; as; at the same time	〜ながら〜	한편으로……하면서……하	6
310.	一等座	yīděngzuò		first-class seat	一等席	1등석, 비즈니스 좌석	12
311.	一定	yídìng	副	surely, certainly, necessarily	きっと、必ず	꼭. 반드시	5

序号	生词	拼音	词性	英译	日译	韩译	出处
312.	医生	yīshēng	名	doctor	医者	의사	7
313.	医院	yīyuàn	名	hospital	病院	병원	7
314.	以后	yǐhòu	名	after	後	이후	4
315.	以内	yǐnèi	名	within, no more than	以内	이내	10
316.	以前	yǐqián	名	before	以前	예전에	11
317.	意思	yìsi	名	meaning	意味	뜻. 의미. 성의	5
318.	因为	yīnwèi	连	because	〜から、〜ため	(왜냐하면)……때문에	10
319.	音乐	yīnyuè	名	music	音楽	음악	6
320.	银行卡	yínhángkǎ	名	bank card	カード、クレジットカード	은행카드	9
321.	应该	yīnggāi	动	should	べきだ、はずだ	마땅히……해야 한다. (……하는 것이) 당연하다	4
322.	应聘	yìngpìn	动	apply for a job	招請に応じる	지원하다. 응시하다	11
323.	优惠	yōuhuì	形	preferential	サービス	특혜의	1
324.	游泳	yóuyǒng	动	swim	泳ぐ	수영하다	3
325.	友好	yǒuhǎo	形	friendly	友好	우호적이다	6
326.	有意思	yǒu yìsi	形	interesting	面白い	재미있다, 흥미롭다	2
327.	原谅	yuánliàng	动	forgive	許す	용서하다	1
328.	余额	yú'é	名	balance	残高	잔액	1
329.	雨伞	yǔsǎn	名	umbrella	傘	우산	7
330.	预订	yùdìng	动	book, reserve	予約する	예약하다	8
331.	约	yuē	动	make an appointment	予約する	약속하다	5
332.	越来越……	yuèláiyuè		more and more	益々	점점……하다	14
333.	再见	zàijiàn	动	bye-bye	さよなら	헤어질 때 인사말: 또 뵙겠습니다. 안녕히 계십시오(가십시오)	5
334.	咱们	zánmen	代	we, us	わたしたち	우리	5
335.	早	zǎo	形	early	早い	일찍이. 오래 전에. 이미	12
336.	站	zhàn	名	station	駅	정류장. 역	2
337.	展览馆	zhǎnlǎnguǎn	名	exhibition hall	展覧館	전시장	13
338.	着	zhe	助	particle	〜て、〜ている	동작의 지속을 나타내는 조사	9
339.	这些	zhèxiē	代	these	これら	이것들, 이들	13
340.	真	zhēn	副	really	本当に	진짜, 정말	1
341.	正常	zhèngcháng	形	normal, regular	普通	정상(적)이다	10
342.	正在	zhèngzài	副	in process of	〜ている、中を〜	마침 (……하고 있는 중이다)	5
343.	支付	zhīfù	动	pay	支払う	지불하다	13
344.	支付宝	zhīfùbǎo	名	Alipay(a third party online payment platform	アリペイ	알리페이(중국 모바일 전자결제 앱)	9

生词总表

序号	生词	拼音	词性	英译	日译	韩译	出处
345.	直达车	zhídáchē	名	through bus, through train	直通	직행버스. 직행열차	2
346.	职位	zhíwèi	名	position	ポスト	직위	11
347.	只	zhǐ	副	only, just	ただ	단지, 다만	13
348.	只要	zhǐyào	连	if only	〜するだけで〜	……하기만 하면, 만약……라면	8
349.	指教	zhǐjiào	动	give advice	アドバイス	가르치다, 지도하다	11
350.	致电	zhìdiàn	动	give a call	電話する	전화를 하다	8
351.	衷心	zhōngxīn	形	heartfelt	心から	진심이다. 정성이 어리다	6
352.	重要	zhòngyào	形	important	重要だ	중요하다	14
353.	周末	zhōumò	名	weekend	週末	주말	3
354.	注意	zhùyì	动	pay attention to	注意する	주의하다. 조심하다	7
355.	转告	zhuǎngào	动	pass on a message	〜と伝える	전하다. 전달하다	5
356.	装修	zhuāngxiū	动	decorate	窓、水道などを取り付け、壁などを塗装する	(집, 건물 등에) 인테리어 시공을 하다	13
357.	咨询	zīxún	动	consult	意見を求める	상담하다. 상의하다	9
358.	自动取款机	zìdòng qǔkuǎnjī	名	ATM	自動現金預入払出機	현금 자동 인출기	4
359.	自己	zìjǐ	代	self	自分	자기, 자신	13
360.	自我	zìwǒ	代	oneself	セルフ、自我	자기 자신	11
361.	走廊	zǒuláng	名	corridor	歩廊	복도	4
362.	租金	zūjīn	名	rent	賃	임대료	13
363.	足	zú	形	enough	十分だ	충분하다	1
364.	最好	zuìhǎo	副	had better	一番いい、最高	(가장) 바람직한 것은. (제일) 좋기는	13
365.	最近	zuìjìn	名	recentness	最近	최근	7
366.	左右	zuǒyòu	名	about, around	ぐらい	내외. 안팎. 좌우	4
367.	坐	zuò	动	sit	座る	앉다	2
368.	作业	zuòyè	名	homework	宿題	숙제	5

语言点索引

序号	语言点	出处
1.	"把"字句	5
2.	除了……（以外），还……	9
3.	动词+不+了	5
4.	动词重叠	10
5.	动词+一下	3
6.	副词"也"	7
7.	概数的表示	4
8.	固定词组"不好意思"	1
9.	固定词组"哪里哪里"	6
10.	汇率的表示	9
11.	结果补语	5
12.	就/才+动词/形容词	13
13.	可能，恐怕	12
14.	离合词	3
15.	楼层的表示	4
16.	汽车线路的表示	2
17.	趋向补语	13
18.	什么/哪儿/谁……也/都……	14
19.	……是……，不过……	2
20.	是……的……	8
21.	一边……一边……	6
22.	疑问词"为什么"	11
23.	……以前/以后	12
24.	因为……所以……	11
25.	语气助词"了"	7
26.	越来越	14
27.	在……（以）内	10
28.	折扣的表示	1
29.	只要……就……	8